CONSEJOS
obligatorios
PARA LOS PADRES

Alicia.-

El libro que te prometí enviarte. trae buenos consejos puedes aprovechar algunos de ellos.

Martha.

P.D. Que yo también lo haré.

DR. DAN KILEY

CONSEJOS
obligatorios
PARA LOS PADRES

**OBRA PUBLICADA
INICIALMENTE CON EL TITULO:**
1000 y un consejos para los padres

CONSEJOS OBLIGATORIOS PARA LOS PADRES
Dr. Dan's Prescriptions. 1001 Behavioral Hints for Solving Parenting Problems

Copyright © 1982 by Dr. Dan Kiley
D.R. © 1986, Compañía General de Ediciones, S. A. de C. V.
Mier y Pesado 130, 03100 México, D. F.

Edición al cuidado de Diana Sánchez
Traducción: Rosa Ma. Oieda de Soto
Portada: Sergio Osorio
Tipografía: Josefina Salinas Velasco
Formación: Jesús Navidad

ISBN (inglés): 0–380–69928–1
ISBN (español): 968–403–322–2

Vigésima tercera reimpresión. Mayo de 2002

Características tipográficas aseguradas conforme a la ley. Prohibida la reproducción parcial o total de esta obra sin autorización escrita de los editores. Impreso y encuadernado en México. Printed and bound in Mexico.

Indice

- EMPIECE CON EL PIE DERECHO / 7
- RESPONSABILIDAD: ALGUNAS PAUTAS / 13
- ACTIVIDAD FAMILIAR POSITIVA / 15
- COMO DESARROLLAR SU AUTORIDAD / 21
- EXPLORACION Y EXPLICACION / 29
- ¿ESTABLECER REGLAS? /35
- CASTIGOS / 43

- CONSEJOS / 53

- PRIMER CONSEJO DEL DR. DAN / 55
- ADOLESCENTES DIFICILES / 57
- AUTOMOVIL / 65
- AYUDA PROFESIONAL / 69
- BERRINCHES / 73
- CAMA MOJADA / 77
- DINAMICA FAMILIAR / 79
- DINERO / 83

- DIVORCIO / 89
- DROGAS / 95
- ESCUELA / 101
- HORARIOS / 109
- HUIDA DE CASA / 113
- MADRE (PADRE) SOLA (O) / 117
- MAL COMPORTAMIENTO EN PUBLICO / 121
- MENTIRAS Y ENGAÑOS / 127
- MODALES / 133
- MUERTE / 139
- NALGADAS / 141
- NIÑERAS Y GUARDERIAS / 143
- ORDEN Y LIMPIEZA / 145
- PADRASTROS / 149
- PADRES DE TIEMPO PARCIAL / 153
- PADRES QUE TRABAJAN / 157
- PRESION DE LOS COMPAÑEROS / 161
- PRIVACIA / 167
- QUEJAS / 171
- RECLAMACIONES / 177
- RIVALIDAD ENTRE HERMANOS / 179
- ROBO / 183
- ROPA / 187
- SEXO / 191
- TELEFONO / 199
- TELEVISION / 201
- TRABAJOS Y TAREAS / 205
- TRISTEZA / 211

Empiece con el pie derecho

Descubrir la propia filosofía de la vida es un proceso que nunca termina. Sin embargo, le recomiendo que empiece a reflexionar sobre el tema antes de convertirse en padre. La educación de los hijos se facilita bastante si tiene por lo menos una respuesta parcial a preguntas tales como: ¿Cuál es la diferencia entre los sentimientos de mi alma y el comportamiento de mi cuerpo? o ¿cuáles son mis normas morales y mis ideas sobre la virtud? o ¿qué papel juegan la realidad, la lógica y el pragmatismo en mi toma de decisiones?

Si estas preguntas le parecen demasiado confusas, o ya se encuentra sumergido en la educación de sus hijos, no tiene por qué preocuparse. Le ayudaré a seguir adelante con unos cuantos CONSEJOS que reflejan los pensamientos y acciones esenciales de un padre sobre la filosofía de la vida. Si esto no lo ayuda, tampoco debe alarmarse. Sus hijos le enseñarán todo lo que tenga que saber.

8/CONCEPTOS BASICOS

El sentimiento de culpabilidad daña el ego paternal. Para evitarlo recuerde estas tres causas del comportamiento de los hijos, las cuales lo liberarán de la idea de que sus hijos están a merced del ambiente que usted estableció.

- Los genes únicos de cada niño crean disposiciones diferentes con las cuales él se desenvuelve en el entorno. Estas disposiciones lo hacen reaccionar en forma distinta a las mismas técnicas educativas.
- El entorno modifica estas disposiciones genéticas, de modo que cada niño desarrolla una personalidad especial.
- Un niño tiene una *voluntad libre,* aunque limitada, que le permite completar un proceso de toma de decisiones. Si usted lo duda, considere esto: los niños tienen creatividad y capacidad para discernir, lo cual a menudo los hace elegir una alternativa en la que usted no había pensado.

Es mejor que usted tenga muy claro qué está bien y qué está mal en su propia vida antes de enseñar a sus hijos la diferencia. Use este procedimiento para examinarse:

- Anote sus valores y los comportamientos que crea correctos y equivocados. Por ejemplo, es correcto sacar buenas calificaciones pero es malo pelear con un hermano.
- Ponga un número del 1 al 10 después de cada una de las frases anteriores, indicando qué tan necesario le parece que sus hijos reciban la información y el

entrenamiento expresados en cada una de ellas; 1 indicaría "no lo creo necesario" y 10 "me parece indispensable".
- Dado que usted debe llevar a la práctica lo que predica, evalúe con honestidad qué tan a menudo su comportamiento coincide con sus creencias. Utilice la misma escala del 1 al 10 para llevar a cabo este pequeño examen. Si descubre que se engaña, póngase 1 en engaño y 10 en honestidad, lo que promedia un 5.5 en la categoría "honradez consigo mismo".

Usted se gana el respeto y el deseo de imitación de su hijo cuando demuestra que cree en la frase "es de humanos equivocarse". Por eso no tema admitir sus errores.

- Lleve al niño aparte y, con calma, admita su error en forma muy simple, sin utilizar muchas palabras.
- Señale exactamente en qué consistió el error. Por ejemplo: "Te castigué cuando estaba enojado porque no observaste la hora de llegada. Debí haberme tranquilizado antes de reprenderte".
- Con este enfoque establece un buen ejemplo, ya que condena sus acciones en lugar de condenarse usted mismo. Es difícil distinguir entre estos dos aspectos de cualquier persona. Sin embargo, al hacerlo usted muestra la diferencia entre una y otra cosa diciendo: "básicamente me agrada mi persona, pero no siempre me gusta lo que hago".
- La mayoría de las veces un sincero "lo siento" es todo lo que se necesita. Sin embargo, en determina-

da situación puede requerirse algo más. De ser así, vea los CONSEJOS que se ofrecen más adelante para decidir si se necesita alguna restitución.
- Termine con una promesa de corregir su comportamiento en el futuro. Su autoridad no disminuirá si dice: "Tratemos los dos de portarnos mejor en el futuro. ¿De acuerdo?"

Es difícil admitir los errores ante los hijos ya mayorcitos, en especial si se ha esforzado en presentarles la imagen del "padre perfecto". A continuación le presento algunas frases que puede utilizar para cambiar la manera en que lo ven sus hijos:

- Si sus hijos se burlan de usted cuando comience a cambiar de imagen, comprenda que están reaccionando a su antigua faceta. Usted podría decir: "las personas con autoridad pueden cometer errores".
- "Creo que mi peor error fue darles la idea de que yo no los cometía. Me esforzaré para ser responsable, y de igual modo espero que ustedes pongan empeño."

Puede haber ocasiones en las cuales su error requiera más que un "lo siento". Si piensa que sus hijos merecen cierta forma de restitución, tenga en mente estas ideas:

- Si su hijo no tuvo responsabilidad alguna y el error fue totalmente suyo, probablemente deba considerar alguna restitución. Sin embargo, esto lo debe

decidir usted solo.
- La restitución podría adoptar la forma de un privilegio, por ejemplo, usted puede permitirle jugar media hora más, o bien suspender durante un día las labores del niño y hacerlas en lugar suyo.

Responsabilidad: algunas pautas

En todos mis CONSEJOS me refiero a la responsabilidad. Mi definición de la responsabilidad de un niño es la siguiente:

Responsabilidad es el cumplimiento voluntario de las líneas de conducta racionales establecidas por los padres en la casa o por las instituciones en la comunidad. Es decir que los niños siguen las reglas sin que sea necesario recordárselas constantemente.

Indice de responsabilidad

Si quiere determinar el nivel de responsabilidad de su hijo, siga este procedimiento:

- Use cuatro grados de frecuencia al asignar un número al comportamiento de su hijo.

Rara vez	1
De vez en cuando	2
Por lo general	3
Siempre	4

- Dé a su hijo un número entre el 1 y el 4 en cada uno de estos comportamientos, indicando la frecuencia con que cumple.
  1. Va y viene de acuerdo a mis reglas y observa la hora de llegada.
  2. Es educado y considerado con las demás personas.
  3. Obtiene calificaciones en la escuela de acuerdo con su aptitud.
  4. Termina con éxito las tareas y el trabajo sin que se le recuerde.
  5. Se interesa por la planeación financiera y muestra respeto por los bienes materiales.
- Sume la puntuación de su hijo y tenga en mente estos CONSEJOS:

  17 a 20   Esté dispuesto a negociar con su hijo más libertades y privilegios.

  13 a 16   Mantenga las cosas como están y recuerde a su hijo que una puntuación ligeramente más alta dará como resultado más libertad y privilegios.

  10 a 12   Hay mucho por hacer. De alguna manera tiene que ejercer un control más estricto.

  Menos de 10   Revise con cuidado las primeras cuatro secciones de este libro y evalúe sus aptitudes como padre.
- Revise el nivel de responsabilidad de su hijo de vez en cuando.

Actividad familiar positiva

La clave para una "atmósfera" responsable y que favorezca el desarrollo en el hogar es la actividad familiar positiva. Con frecuencia la damos por hecha, creyendo que el amor automáticamente lleva a la acción positiva. Sin embargo, la vida moderna pone muchos obstáculos entre las buenas intenciones y la acción constructiva. Es indispensable que cada padre o madre esté consciente de la actividad familiar o la falta de ella y haga lo que pueda para desarrollarla.

Los momentos (y hasta días) tensos son inevitables entre los individuos que interactúan para convertirse en una familia. Siempre y cuando la actividad positiva se presente con regularidad y la negativa se minimice, los padres pueden estar confiados en que su hogar proporciona una base sólida para la enseñanza del comportamiento moral.

Para comprender estas ideas útiles, conviene tener en mente algunas definiciones:

- *Actividad familiar positiva.* Es cualquier actividad en la cual todos los miembros de la familia inmediata contribuyen a una experiencia mutuamente gratificante. Esta puede variar desde una plática o paseo corto hasta algo más complicado, tal como resolver un problema o cuidar un jardín.
- *Actividad familiar negativa.* Es aquella que se vuelve amarga debido a hostilidad incontrolada, muestras de desprecio o cualquier otra actitud desagradable.
- *Actividad familiar positiva parcial.* Es cualquier actividad positiva en la cual falta parte de la familia inmediata. Este tipo de actividad sucede cada vez con mayor frecuencia e incluye las veces en que papá lleva a los niños a desayunar o mamá cena con ellos.
- *Actividad de los padres.* Es aquella en la que los esposos disfrutan de una actividad agradable sin los niños. Para fines de esta discusión no considero que esta actividad sea negativa ni desagradable.
- *Actividad solitaria.* Cualquier actividad que lleve a cabo un miembro de la familia solo. Este momento debe ser positivo. Si no lo es, hable con un consejero profesional.

A continuación menciono algunas ideas generales en las cuales meditar cuando examine las actividades de su familia:

- Suspenda la actividad negativa lo más pronto posible. Si está atrapado en ella, dedíquese a otra cosa

e intente la actividad familiar más tarde.
- La actividad parcial familiar, la de los padres y la solitaria apoyan la actividad familiar positiva *si* estas actividades son positivas y llevan a la actividad familiar.
- No trate de forzar el que una actividad se vuelva familiar si las actitudes son negativas.
- Si una actividad familiar posee un aspecto negativo (por ejemplo, asistir a un funeral), tenga preparada alguna actividad familiar positiva para utilizarla en momentos difíciles. Del mismo modo, una actividad familiar positiva tras la experiencia tensa puede compensar la parte negativa, por ejemplo, ir a cenar o al cine.
- Todos los miembros de la familia tienen la responsabilidad de estimular la actividad familiar positiva. Se deben tomar en cuenta las sugerencias de los hijos en las actividades familiares.
- El buen humor es una técnica excelente para inducir a la actividad familiar positiva. Escuche las ocurrencias de sus hijos y descubra su propio espíritu infantil.
- Establezca la regla de que por lo menos una vez por semana la familia se reúna para hacer algo. La mayoría de las familias con las que he trabajado consideran que el domingo es el mejor día para la actividad familiar positiva.
- Si tiene problemas para lograr dicha actividad, empiece por aumentar la actividad parcial familiar y la de los cónyuges, lo que establecerá una base de buenos sentimientos sobre la cual construir con éxito una actividad familiar positiva.

Existen miles de actividades de bajo costo que puede hacer para fomentar la actividad familiar positiva. A continuación menciono unas cuantas:

- Vaya a la biblioteca el fin de semana y vea las últimas revistas, anime a sus hijos para que aprendan nuevas aficiones, escuchen música o se interesen en coleccionar algo. Platiquen sobre los paseos mientras viajan en el automóvil.
- Consiga bicicletas para todos (puede comprarlas usadas) y comience un programa de ejercicios en grupo.
- Enseñe a los niños a cocinar y haga que un día toda la familia prepare la comida.
- Divida la limpieza de la casa entre los miembros de la familia, de tal forma que todos participen al mismo tiempo.
- Con un poco de planeación, hasta las compras de la tienda pueden convertirse en una actividad familiar positiva, si a cada miembro de la familia se le asigna un trabajo.

Enfrentarse a actitudes negativas durante una actividad familiar es difícil. Si usted no quiere o no puede suspenderla, considere estos CONSEJOS:

- Para expresar su enojo en forma constructiva, diga: "estoy enojado contigo en este momento porque no quieres ayudar a la familia con el problema".
- Ignore los comentarios desagradables y cambie por

completo de tema.
- Haga un comentario indirecto que pueda estimular a la persona desagradable para que cambie su actitud. Por ejemplo, diga a su cónyuge: "Desearía que Sara (Billy) pudiera unírsenos en esta actividad y no ser tan negativa".
- Recuerde empezar cualquier comentario directo con la palabra "yo" no "tú". Por ejemplo, en lugar de decir: "te gusta verme sufrir" diga: "Me siento mal cuando me atacas así".

Está bien que otras personas participen en las actividades familiares, pero deje tiempo para la actividad familiar positiva.

- Permita que sus hijos participen en la actividad de otra familia y otros niños en la de usted, pero equilibre estas actividades con la propia actividad familiar.
- Las actividades familiares que incluyen a parientes no miembros de la familia inmediata tienden a disminuir la actividad familiar positiva. Si un pariente vive con usted, busque tiempo para disfrutar de la actividad positiva con miembros de la familia inmediata únicamente.

Si usted es un padre solo o una madre sola, también puede disfrutar de la actividad familiar positiva.

- Un padre solo o una madre sola y su hijo o hijos constituyen la familia inmediata.
- El padre solo o madre sola tiene que dedicar más tiempo y energía para estimular la actividad familiar positiva y tratar de evitar cualquier alejamiento. Por eso, ponga atención especial a las ideas antes mencionadas sobre la forma de enfrentarse a las actitudes negativas.
- Si un amigo especial o futuro cónyuge participa en sus actividades, asegúrese de la durabilidad de su relación con él (ella) antes de incluirlo en sus planes. Mi opinión es que una vez que establezca un compromiso con un nuevo compañero, la actividad de usted y los niños debe incluir a esa persona. Usted esta trabajando con una nueva familia y debe dar tiempo a sus hijos para que se adapten.

Una última cosa que debe tener en mente:

- No ocupe demasiado tiempo analizando o planeando la actividad de su hogar. Es más frecuente que todas las actividades familiares —ya sea con toda la familia, con algunos miembros, entre los padres únicamente o solitaria— ocurran en una sucesión rápida y al azar. Si siempre está tratando de planear, puede perder excelentes oportunidades de llevar a cabo una actividad familiar positiva.

Cómo desarrollar su autoridad

Una de las principales tareas de los padres radica en convertirse en figuras de autoridad responsables. Sin importar lo bien entrenado que esté usted, siempre habrá algo más que aprender. Su autoridad se desarrolla a medida que usted y sus hijos crecen juntos. Para garantizarla es necesario que encuentre el justo medio entre dos factores igualmente importantes: los derechos y las responsabilidades, el tiempo para sus hijos y el tiempo para usted, sus "no" y sus "sí", su enojo con su amor y la discusión con las decisiones unilaterales.

Es muy fácil perder el equilibrio. Algunas veces usted está demasiado cansado para dar a sus hijos el tiempo que necesitan. Los niños traviesos pueden obligarlo a decir "no" constantemente. Debe saber encontrar el momento adecuado para terminar una discusión y tomar una decisión, de lo contrario, la confianza en usted mismo puede verse afectada.

Los padres que no han sabido desarrollar su autoridad, con frecuencia se preguntan: ¿quién es el responsable aquí? La respuesta se la daré yo. "Nadie".

A continuación menciono algunos CONSEJOS que le ayudarán a desarrollar su autoridad y a mantener su equilibrio.

Como ya debe haber observado, mi posición es que se debe dar a los niños cierta orientación sobre la responsabilidad. Para separar la responsabilidad del padre de la del niño, ambos deben tener presentes las siguientes líneas de conducta.

- No me culpo cuando mis hijos se equivocan; es culpa de ellos. Sin embargo, me culpo si no hago algo al respecto.
- O esta otra: mis hijos tienen derechos. Debo ayudarlos para que aprendan a ser responsables y, así, a proteger sus derechos.

La mejor época para empezar a desarrollar la responsabilidad de un hijo es la primera infancia. Para ayudar a un pequeño a aprender responsabilidad, puede intentar lo siguiente:

- Haga que el niño repita sus instrucciones mientras usted le ayuda a seguirlas. Así, cuando diga a su hijo "recoge los juguetes", haga que éste cumpla con la tarea mientras repite esa frase.

Es esencial que lleve sus instrucciones hasta el final. Esto puede resultar difícil cuando se encuentra encajonado entre el amor por un lado y el desorden del niño por el otro. He aquí tres pasos sencillísimos:

1. El primero consiste en dar una instrucción simple, como "saca la basura, por favor". No dé ninguna orden si no piensa dar los dos pasos que siguen.
2. Si el niño no hace lo que le pide, sus palabras deben indicar una advertencia. "Si no sacas la basura, serás castigado". (Especifique el castigo si el niño no sabe qué esperar.)
3. Deje pasar un tiempo razonable, unos dos o tres minutos. Después, sin hablar más, ejecute la acción que indicó en la advertencia.

Decir "no", no es tan fácil como parece. Le doy ahora unas ideas que pueden facilitar hacerlo.

- No sea demasiado dulce cuando diga "no". Si sonríe mientras da una respuesta negativa, su hijo recibirá mensajes contradictorios. Si va a decir "no", dígalo con seriedad y categóricamente, de modo que su hijo sepa que ha llegado el momento de recapacitar.
- Siempre que sea posible mueva a su pequeño cuando diga "no". Por ejemplo, cuando no deba jugar con un vaso, retire la mano del niño mientras le dice "no". En esta forma el niño recibe el mensaje.
- No diga "lo pensaré" cuando en realidad quiere decir "no". Tal vez crea que ésta es una buena táctica,

pero sólo suscita discusiones y quejas.
- Las reglas proporcionan guías excelentes para decir "no". Revise el capítulo titulado "¿Establecer reglas?"

A medida que va creciendo su hijo, usted debe intentar reducir sus palabras cuando diga "no". Su autoridad adquiere más significado si puede emitir señales no verbales que indiquen una negativa.

Estas son algunas maneras de decir "no" sin abrir la boca.

- Mire directamente al niño mientras está haciendo algo malo y mueva su cabeza en forma negativa.
- Mientras observa al niño, truene los dedos para atraer su atención y después mueva el dedo en forma negativa.
- Póngase serio y quédese en silencio mirando al niño hasta que éste deje de portarse mal. Esta maniobra puede acompañarse con un movimiento de cabeza en forma negativa las primeras veces.
- También puede utilizar cualquier combinación de estas señales no verbales o de otras para reducir la cantidad de palabras cuando se enfrente a un problema. Una de mis guías favoritas es ésta: cuando dé un castigo, trate de que sus palabras sean menos de quince. Por ejemplo "olvidaste tus deberes, por eso no verás televisión después de cenar".

Si usted se comporta de manera responsable, algunos de los maravillosos resultados que obtendrá serán confianza, admiración y emulación. ¿Y el temor? El temor sano debe surgir cuando usted desarrolla su autoridad.

- Con objeto de evitar el sentimiento de culpa y la preocupación, recuerde esta definición: el temor es sano cuando sucede después de que los niños han hecho o pensado hacer algo que saben que está mal. El temor sano protege a los niños al hacerlos evitar el comportamiento dañino. El temor es sano cuando los niños temen el castigo; es dañino cuando temen perder el amor de usted.
- Separe su amor de su alabanza y castigo. Esto le permite rechazar el comportamiento de un niño sin rechazar al niño. Este es un pensamiento que puede ayudarlo: "Trataré de encontrar la mejor forma de manejar tu mal comportamiento, pero nunca dejaré de quererte".
- Para mantener el temor bajo control, muéstrese serio, no prolongue demasiado el castigo y vuelva a una actitud agradable después de quince a veinte minutos.
- Como el castigo debe equilibrarse con sentimientos positivos, sugiero esto: proporcione al niño muchas oportunidades para llevar a cabo actividades de las que pueda sentirse orgulloso. En esa forma, los niños aprenden a temer las cosas que pueden acarrearles problemas y sentirse orgullosos (y hasta presumir un poco) de las cosas que les dan seguridad.

Sólo porque sus hijos sean felices y saludables, no espere que siempre acepten sus "no". Cuando los niños protesten, manténgase firme:

- Cuando se vea envuelto en una discusión, debe tomar la mejor decisión que pueda y no discutir con referencia a ningún "no".
- Si usted sabe que su hijo conoce los motivos de su negativa, no tema poner fin a las protestas e indicarle que la conversación ha terminado.

Hay ocasiones en las cuales usted decide cambiar de opinión. Eso está bien, pero nunca debe ser resultado del desafío de sus hijos.

- Siempre busque nueva información que afecte las reglas establecidas por usted. Espero que algunos de mis CONSEJOS lo inviten a modificar sus reglas de una manera constructiva.
- Puede decidir hacer una excepción a las reglas cuando el niño acepte su "no" sin reclamar. Puede explicarle que usted permite la excepción porque él ha demostrado madurez al no discutir. Usted siempre puede cambiar de opinión.
- Si la regla es negociable (ver el capítulo "¿Establecer reglas?") y el niño ha mostrado responsabilidad, su opinión puede modificarse.

Algunas veces la disciplina se vuelve tan exigente que us-

ted olvida dar al niño experiencias afirmativas. Menciono a continuación algunas ideas para ayudarlo a recordar que las cosas pequeñas con frecuencia cuentan más de lo que cree:

- Diga "te felicito" cuando el niño recuerde hacer sus deberes sin que se lo pida constantemente.
- Dé algún pequeño premio al niño cuando espere pacientemente en una actividad aburrida (como estar en el consultorio de un médico).
- No olvide dar muchos abrazos, cariños y palabras tiernas a sus hijos cuando lo ayudan sin que se lo pida.
- Puede decir "sí" a media hora adicional de televisión cuando su hijo obtenga una buena calificación en un examen difícil.

Exploración y explicación

Los niños ven las cosas en blanco y negro. Cuando exploran su mundo, buscan respuestas simples y precisas. Si son pequeños, automáticamente se dirigen a sus padres para encontrar la explicación de sus experiencias. A medida que crecen y se vuelven independientes, confían en otras personas como sus guías. Si usted quiere que sus explicaciones tengan un efecto significativo en sus hijos, es vital que conserve su credibilidad.

Esta se alimenta manteniendo su figura de autoridad, de persona responsable, firme y benévola. Si su comportamiento refuerza sus valores y viceversa, proporciona a sus hijos una base sólida en la cual fundamentarse. Aun cuando no siempre estén de acuerdo con usted, se mostrarán interesados en escuchar su opinión.

La parte más difícil de una explicación no es *qué* decir a los niños, sino descubrir lo que necesitan saber. Para dejar abierta esta puerta a la información, respete siempre las experiencias de sus hijos. Hágales saber que a pesar de que sus experiencias sean engañosas, falsas o incorrectas, nunca son "malas". Todas las experiencias son buenas por el simple hecho de que le sucedieron al niño, y éste es esencialmente bueno. Esta especie de afirmación interna es necesaria para el desarrollo de un niño sano.

Resulta muy tentador dar respuestas demasiado simplificadas a preguntas complicadas. Sin embargo, si lo hace, su credibilidad se verá afectada. Está bien que la respuesta sea simple, pero debe contestar la pregunta en forma honesta.

- Cuando un niño hace una pregunta difícil, usted debe primero descubrir exactamente lo que está preguntando. Si pregunta por qué pelean los amigos, usted debe inquirir cuándo los ha visto peleando, o si él ha peleado con algún amigo. Esto ayuda a aclarar una situación para que usted y el niño hablen de la misma cosa.
- Una vez que sepa lo que está preguntando el niño, responda de manera que minimice el prejuicio y estimule la plática.
- Si no conoce la respuesta a una pregunta, diga al niño que no sabe pero que va a averiguarlo.

Cuando los niños exploran su mundo, es inevitable que traspasen los límites establecidos por usted.

- Si lo hacen, puede sentirse orgulloso; los hijos que se sienten seguros del amor de su padre son los primeros en ver hasta dónde los deja él llegar.

Aun cuando sea desagradable, poner a prueba los límites puede considerarse una buena experiencia. Aunque usted no debe ceder a las manipulaciones, no hay motivo por el cual no deba reconocer la creatividad del niño. Estas son algunas respuestas que puede dar cuando se presente este comportamiento:

- "Ese fue un buen intento, pero aún tienes que hacer lo que te dije."
- "Casi me atrapaste. Fue una buena jugada, pero ahora haz lo que te pedí."
- "Lo siento, pero no puedo dejar que rompas las reglas."

La mejor forma de influir en las exploraciones de sus hijos es actuando como guía. Usted sabe lo que hay adelante, pero resista a la tentación de decir a sus hijos lo que deben experimentar.

- Ayude a sus niños a darse cuenta de sus propios pensamientos desde muy pequeños.

Siguiendo esta reflexión, aliéntelos a tomar decisiones, por simples que parezcan.

- Por ejemplo: en el caso de los niños pequeños, deje que seleccionen uno de dos juguetes para bañarse, diciéndoles: "¿Cuál prefieres?"

- Ayude a los chicos mayores a enfrentarse a situaciones complicadas señalándoles el dilema. Por ejemplo: "Al parecer tienes un problema. Por un lado parece que te gusta esa(e) chica(o) y te gustaría salir con ella(él), pero tienes miedo de que te diga "no".

Como padre y guía, algunas veces debe manifestar su autoridad limitando las alternativas de su hijo.

- Por ejemplo, puede indicarle con toda seriedad que no puede asistir solo(a) a una fiesta, a menos que haya adultos responsables que la supervisen, o bien sugerir que la fiesta se haga en casa.

Puede proporcionar a los niños muy pequeños un sentido de responsabilidad durante su exploración diferenciando tres tipos de experiencias:

- Los objetos costosos y frágiles sólo pueden mirarse.
- Otros objetos "de gente grande" sólo pueden tocarse, pero no se debe jugar con ellos.
- Finalmente, hay muchas cosas con las que se puede jugar.

Aprender un trabajo nuevo es difícil para todos. Los niños ávidos de emoción y placer no son la excepción. Siga estos CONSEJOS cuando se encuentre en ese caso:

EXPLORACION Y EXPLICACION / 33

- Sea específico. Dígale al niño qué hacer exactamente.
- Demuéstrele cómo se realiza el trabajo, en especial las partes difíciles.
- Si el niño está confundido o tiene mala memoria, haga que anote las explicaciones en un papel.
- Supervise la primera vez que el niño desempeñe el trabajo. Acote sus observaciones en forma positiva y constructiva.

Muchos padres se meten en problemas por exagerar las explicaciones. En cuanto se dé cuenta de que sus hijos saben qué hacer, tome en cuenta estas sugerencias:

- No discuta sobre los detalles de cualquier trabajo.
- Evite la lucha de fuerzas con un niño olvidadizo o perezoso. Si lo hace, está admitiendo no estar seguro de lo que pidió al niño.
- Si el niño se queja y hace que usted se sienta inseguro, repase mentalmente sus explicaciones y empiece de nuevo.
- Si piensa que su hijo merece una explicación del porqué de algo, conteste usando como referencia su propio punto de vista y no el de otra gente. Hágale saber al niño que usted, como adulto informado, tiene la última palabra.
- Si se presenta una situación nueva, trate de explicar una respuesta negativa *antes* de decir "no" al niño.
- No explique su "no" acabando de decirlo. Cuando

los niños lo escuchan, rara vez están en disposición de razonar.
- Explique su respuesta después de que el niño ha aceptado el "no" y las cosas se han calmado.
- Si las objeciones continúan, pregunte al niño qué más quiere saber.

¿Establecer reglas?

Si está familiarizado con los libros sobre educación infantil de los últimos veinte años, no le sorprenderá que resuma sus consejos de este modo: la autoridad lastima a los niños, el poder interfiere con el espacio para el crecimiento y, desde todos los puntos de vista, los niños necesitan espacio para crecer.

Estoy de acuerdo en que los pequeños necesitan espacio para crecer. Sin embargo, no concuerdo con la implicación de que este espacio deba ser ilimitado. La inexistencia de reglamentos es tan dañina como su sobreabundancia. Personalmente no me gusta ninguna de esas alternativas y pienso que en alguna parte entre los extremos se halla el feliz punto medio de las reglas racionales.

Las reglas actúan como indicadores de los límites, guiando a los niños mientras llevan adelante el juego de la vida. No proporcionar reglamentos a los niños equivale a permitir que los atletas practiquen los deportes sin sanciones. En ambos casos, el resultado sería el caos y el desorden estaría a la orden del día.

Los niños se sienten seguros cuando conocen los límites del espacio en el que pueden experimentar para encontrarse a sí mismos. A fin de proporcionarles esta seguridad, los padres deben ejercer su poder para establecer y reforzar los límites proporcionados por las reglas.

Hay otro motivo importante por el cual los niños deben ceñirse a reglas. Es algo que muchas personas han olvidado: los padres también necesitan espacio; espacio que les permitirá tener tiempo para sí mismos, disfrutar de actividades gratificantes y reafirmar sus convicciones sobre la manera en que están educando a sus hijos.

Los siguientes CONSEJOS pueden ayudarlo a establecer las reglas que proporcionen espacio a los niños para desarrollar sus habilidades y, al mismo tiempo, proporcionar a usted el lugar para disfrutar de la vida que con tanto trabajo ha logrado obtener.

Si quiere establecer y hacer cumplir reglas racionales, paso a paso, lo primero que tiene que hacer es elaborar una lista.

- Aliente a sus hijos a reflexionar en las reglas actuales y anote las sugerencias sobre cambios que les afecten. Escuche las ideas de sus hijos, pero indíqueles que en usted reside la aprobación final de las reglas.
- Separe las reglas en dos categorías, negociable y no negociable. La principal diferencia reside, obviamente, en que usted no está dispuesto a transigir en las reglas no negociables.
- Redacte aquéllas de modo que los niños sepan exactamente lo que se espera de ellos. Por ejemplo, en

lugar de decirles que ayuden en el quehacer, explique que deben limpiar su recámara, sacar la basura y lavar los platos. Para evitar confusiones, puede anotar las reglas en un papel.
- Puede prever riñas futuras si hace que los niños coloquen copias individuales de las reglas en un lugar visible, como la cocina o la recámara.
- Debe enfrentarse al hecho de que no siempre puede serlo todo para sus hijos. Acepte esta realidad colocando las reglas en orden de importancia.

La siguiente es una muestra de una lista de reglas para un niño de 10 años de edad:

1. Estar en casa a más tardar a las 4 de la tarde.
2. Terminar la tarea antes de ver la televisión.
3. Limpiar la recámara, tirar la basura y dar de comer al perro diariamente.
4. Tener buenos modales en casa y en la escuela.
5. Hacer tareas domésticas especiales para ganar dinero para gastar.

Dadas las limitaciones de su energía, concentre sus esfuerzos en implementar estas reglas y no en discutir sobre ellas.

No se preocupe si su lista no es perfecta desde la primera vez. Las reglas deben evolucionar y cambiar conforme maduran sus hijos. Una vez elaborada su lista, revísela dos veces (por lo menos).

- Escoja una fecha determinada para revisar las reglas en un atmósfera tranquila. Recomiendo el domin-

go por la tarde.
- Estimule a sus hijos con suficiente anticipación para que le presenten sus ideas por escrito y no olviden lo que quieren decirle.
- Asegúrese de responsabilizar a sus hijos indicando que las reglas se hicieron para beneficio de ellos y que una vez que se lleven a efecto no se discutirán más.
- Permita que los niños externen sus quejas sobre las reglas durante esta tranquila discusión. Pero ayúdelos a comprender que a *usted* le corresponde decir la última palabra.
- Al final de la discusión, usted debe haber eliminado las reglas que no pudo hacer cumplir y cambiado las que resulten confusas o ambiguas.
- Pida a sus hijos sugerencias para mejorar recompensas y castigos. Sin embargo, tenga en mente que a veces se les pueden ocurrir ideas descabelladas.

Las reglas no tienen por qué ser amenazas de unos padres monstruosos. Antes bien, pueden constituir una forma de expresar su amor protector a sus hijos.

- La primera regla es no establecer una regla que no pueda hacer cumplir.
- Puede mantener la confianza en usted mismo y disminuir al mínimo las fricciones si todas las recompensas y castigos se relacionan con el comportamiento en relación al cumplimiento o violación de las reglas.
- Sus reglas se vuelven realidad si hace una breve men-

ción de su cumplimiento o violación cuando dé una recompensa o castigo.
- Recuerde a los niños que pueden obtener reglas más benignas y mayores privilegios *después* de haber demostrado que pueden cumplir exitosamente con las reglas actuales.
- Si un niño se burla del castigo de otro, él también debe recibir un castigo.

Las reglas no negociables deben formar parte de las reglas de la casa. Los padres las establecen sin discusión.

- Estas reglas se deben instituir antes de discutir cualquier reglamento diciendo que, como padres, debemos implantar lineamientos que no están sujetos a cambios.
- Reduzca sus reglas no negociables al mínimo, digamos tres o cuatro.
- Algunos ejemplos de reglas no negociables son los siguientes:
  1. No se permitirán actividades ilegales en la casa.
  2. Los hijos no podrán ir y venir a su antojo.
  3. Los hijos mostrarán respeto y buenos modales.
- La violación a las reglas no negociables da como resultado alguna acción disciplinaria. Usted nunca debe hacer una excepción en estas reglas.

Las reglas negociables permiten gran flexibilidad tanto a los padres como a los hijos.

- Esté dispuesto a negociar en cualquier área en la que el niño haya demostrado ser responsable.
- Después de haber llevado a cabo las negociaciones, los padres son los que tienen la última palabra. Trate de explicar a sus hijos su posición, pero no se desdiga sólo porque no aceptan su explicación. Mantenga su autoridad.
- Los siguientes pueden ser ejemplos de reglas negociables:
  1. Por buenas calificaciones puede prolongar una hora más la de llegada.
  2. "Puedes ver ese programa de televisión la próxima semana si me demuestras que puedes controlar tu mal carácter". (Esto puede aplicarse si el programa es de violencia.)
  3. "Puedes comprar esa prenda de ropa especial después de poner el 20 por ciento de tu dinero en una cuenta de ahorros".

Muchos padres se preguntan si deben tratar a todos de igual forma. Usted debe dar a sus hijos una lección sobre la realidad. "El rango tiene sus privilegios", pero sea justo cuando dé esta lección.

- Les guste o no, hay veces en las cuales usted debe reservarse el derecho de decir "no" sin dar explicaciones. Algunas veces tiene que tomar una decisión en una situación que está más allá de la comprensión de un niño y él debe simplemente obedecer. Cuando sea posible, puede dar la explicación después.
- Los niños pequeños también deben aprender a acep-

tar el rango, porque sus hermanos mayores deben tener más libertad y privilegios.
- No dude en utilizar el rango para usted mismo algunas veces. No tiene que comer siempre donde les gusta a los niños, o tal vez quiera ver cierto programa de televisión que no les interesa a ellos.

Mientras da lecciones a sus hijos sobre la realidad de la vida, no olvide el equilibrio. El rango tiene sus privilegios, pero también tiene su precio.

- Si utiliza su rango con demasiada frecuencia, está propiciando que sus hijos se rebelen contra la disciplina. Por eso, no lo haga a menudo y explique los motivos por los cuales lo hizo.
- Si los niños mayores disfrutan de más privilegios, también deben soportar el peso de más responsabilidades. En efecto ellos obtienen más, pero también tienen que trabajar más.

Castigos

Muchos padres se sienten culpables cuando castigan a sus hijos. Piensan que los dañarán, se preguntan si éstos los perdonarán o si habrán dañado su psique.

El castigo no tiene que ser una mala palabra. En realidad, si usted aprende el procedimiento correcto, sus hijos extraerán una lección de sus errores. Así no tendrá que repetir el castigo con frecuencia y podrá reducirlo al mínimo, o hasta eliminarlo, si sus hijos cooperan con usted.

He descubierto que los padres que tienen problemas con niños de mal comportamiento constante por lo general no castigan en forma correcta. Gritan cuando deben tomar una medida firme. Llevan a cabo el castigo en el momento inadecuado, de modo que el niño no comprende por qué es castigado, o castigan en forma tan dura que estimulan la rebelión. Cuando el castigo es incorrecto, los niños no ven la conexión entre éste y el mal comportamiento. En cambio, consideran malvados a sus padres y no comprenden el motivo de la reprimenda.

Es tan difícil dar un castigo como recibirlo. No obstante si se hace en forma adecuada, ayudará a evitar el mal comportamiento futuro y estimulará el autocontrol. Los niños necesitan autocontrol para adaptarse con éxito a un mundo exigente. Por ello el castigo racional proporciona a sus hijos un beneficio que pueden utilizar durante toda su vida. Esta es la recompensa.

Considere estos CONSEJOS para aprender cómo hacer que los castigos sirvan para usted y sus hijos:

Con frecuencia, los padres tiene la impresión de que disciplina significa castigo y que el castigo es malo. Esto no es verdad.

- Disciplina significa "enseñar". Las recompensas son tan importantes como los castigos o aun más. Utilice ambos para enseñar lo bueno y lo malo.

La restricción de la libertad o "confinamiento" es un castigo poderoso. Sin embargo, pierde su efectividad si se realiza en forma inadecuada. Observe las siguientes sugerencias:

- El confinamiento puede llevarse a cabo en etapas o grados:
    Primer grado. Confinado al patio. Los amigos pueden ir a la casa.
    Segundo grado. Confinado a la casa después de la cena; no amigos.
    Tercer grado. Confinado a la casa después de la

escuela; no amigos.

Cuarto grado. Confinado a la casa durante todo el día cuando no está en la escuela.

Quinto grado. Confinado a su recámara durante un lapso de tiempo específico, cuando no asiste a la escuela.

- Use el confinamiento sólo cuando pueda supervisar al niño todo el tiempo.
- El confinamiento debe hacerse durante un corto periodo y se debe aumentar en grado y no en duración. No lo haga por un periodo mayor de una semana. De lo contrario, terminará castigándose a usted mismo más que a su hijo.
- Se pueden hacer excepciones al confinamiento debido a un propósito específico, por ejemplo, mientras el niño hace su tarea, algún trabajo o una actividad relacionada con sus deberes.
- Si bajo ciertas circunstancias usted decide suspender el confinamiento, haga que el niño lo compense llevando a cabo un trabajo durante una o dos horas.

Una táctica muy efectiva para combatir la indisciplina crónica es ignorar al niño. Yo la llamo resistencia pasiva.

- La pasividad de esta táctica está contenida en la afirmación: rehuso hacer lo que te agrada si tú continúas haciendo lo que me desagrada.
- Algunas formas benignas de resistencia pasiva son negarse a hacer tratos, a dar "servicio de taxi" y tomar recados telefónicos.
- Otras formas más severas son no preparales la co-

mida a los niños, no lavarles su ropa ni darles dinero.
- Puede individualizar esta disciplina rehusando hacer las cosas especiales que le gustan a su hijo, por ejemplo ir de compras con usted.
- Para evitar discusiones y hacer que el niño comprenda, debe proporcionarle una lista de todas las cosas que él ha hecho y que provocaron que usted llevara a cabo esta táctica. Intente esto antes de implementar la resistencia pasiva.
- La resistencia pasiva sólo debe utilizarse en problemas de comportamiento que se presenten con regularidad. Debe estar seguro de que la mala conducta ha sido un problema de mucho tiempo.
- Esta táctica es en especial efectiva para combatir la pereza o el olvido crónicos de algunos adolescentes.
- Usted puede volver a hacer las cosas que dejó de llevar a cabo en cuanto su hijo vuelva a comportarse bien.

Por lo general, gritar no es un buen procedimiento. Sin embargo, hay un caso en el que puede resultar efectivo.

- Para obtener resultados, al gritar hay que hacerlo en forma rápida y fuerte, de modo que el niño ponga atención.
- Si grita con mucha frecuencia, el procedimiento pronto perderá su eficacia. No debe gritar más de una o dos veces por semana, porque si lo hace corre el riesgo de que sus hijos lo ignoren.
- No castigue al niño después de haber gritado. Si el

grito hizo reaccionar al niño, es suficiente.
- Retírese de ese lugar después de gritar. Regrese unos cinco minutos después y entable una conversación normal.
- Si utiliza los gritos como técnica para amonestar, conviene explicar al niño que le gritó para hacerlo reaccionar y ver lo que estaba haciendo. Añada que la próxima vez espera que utilice el cerebro y se dé cuenta de su comportamiento sin que tenga que gritarle.

Las multas constituyen una excelente forma de castigo, siempre y cuando el niño aprecie el valor del dinero y le duela perderlo. Menciono al respecto algunos CONSEJOS:

- Las multas deben pagarse dentro de las veinticuatro horas siguientes al momento de haberse asignado.
- Si el niño no tiene dinero en efectivo, deberá llevar a cabo algún trabajo especial para poder pagar la multa.
- Puede duplicar la multa cuando se repita la misma ofensa.
- Si las multas no dan un resultado relativamente rápido, quiere decir que al niño no le importa el dinero tanto como usted creía.
- En algunos casos las multas pueden dar mejores resultados si usted también se somete a la regla. Por ejemplo, mamá y papá también tienen que pagar algo por dejar encendidas las luces de una habitación que ya no se usa.

- Coloque el dinero de las multas en algún lugar especial, y cuando se reúna cierta cantidad de dinero, utilícelo para un paseo o diversión de toda la familia. Encontrará más ideas en el capítulo sobre dinero.

Quitar las posesiones o negar privilegios es un castigo muy efectivo. Sin embargo, resulta un poco más complicado de lo que parece.

- Si el privilegio o posesión no es importante para el niño, quitárselo no constituye un castigo. Primero asegúrese de que el niño valore en realidad el privilegio o posesión. La mejor forma de saberlo es observando lo que él disfruta o lo que le interesa como recompensa.
- Otra forma de saber si el privilegio o posesión es importante consiste en descubrir si crea motivación para que el niño se porte bien cuando se le retira. Si esta privación no funciona en un día o dos, significa que no es un buen castigo.
- En la primera ofensa, el lapso de privación debe ser corto pero a partir de la segunda debe aumentar. Sin embargo, si constantemente está aumentando el tiempo, y no ve resultados debe cambiar a otra privación.

Hay muchas cosas que puede hacer para controlar el mal comportamiento. Estas son algunas:

- Ignorar al niño que se porta mal y prestarle atención sólo cuando se comporte en forma adecuada. El único problema es que usted debe permanecer fuerte y no prestar ninguna atención al niño mientras se porta mal.
- Ignorar en forma activa es, por ejemplo, ignorar los comentarios de un niño aunque él se siente a su lado. Cuando él se queje, usted cambiará de tema.
- Irse a otro lugar. Simplemente debe decir al niño molesto que se vaya a otra parte. Si usted está a punto de explotar, puede irse a otro lugar. Esto proporciona la oportunidad de calmarse y empezar de nuevo.
- Detener ciertos comportamientos es otra forma de evitar un círculo vicioso. Cuando un niño (o alguno de los padres) está atrapado en una discusión irracional o emociones insensatas, pedir un ALTO puede ser el primer paso para que las cosas funcionen mejor.

Algunos castigos se vuelven inútiles por ciertos descuidos: Vea si los siguientes aspectos están disminuyendo su autoridad:

- MATERIALISMO DESMEDIDO. Los niños piensan que tienen derecho a la "buena vida" y que no deben hacer nada para ganársela. Si sus hijos poseen demasiados juguetes y tienen fácil acceso a las diversiones, cuando usted se los quite o niegue, ellos pensarán que los está privando de un derecho fundamental para vivir. Es mejor que sus hijos ganen lo

que tengan.
- **HABLAR DEMASIADO** sobre los motivos del castigo puede dar a sus hijos la impresión de que usted en realidad no confía en lo que está haciendo.
- **ENOJO NO CONTROLADO.** Cuando alguno de los padres, exasperado por el mal comportamiento de su hijo, le grita e inmediatamente lo castiga, el niño piensa que recibió el castigo porque su papá o su mamá se enojó. Si el padre espera para castigarlo a que pase su enojo, el niño nunca recibe el mensaje de que fue castigado porque no hizo lo que se le indicó.
- **CULPABILIDAD CONTRA ARREPENTIMIENTO.** Muchos castigos fallan porque los niños se sienten culpables en lugar de sentirse arrepentidos. La culpabilidad provoca autocondenación, mientras que el arrepentimiento estimula el cambio constructivo. Usted puede evitar esto si en forma consistente recompensa el comportamiento positivo y castiga las acciones negativas. Además es importante que no recuerde constantemente a su hijo sus errores pasados. Un castigo adecuado es suficiente. Si continúa recordándole sus faltas pasadas, estimulará nuevos brotes de culpabilidad y/o rebelión.
- **EXTENDER DEMASIADO UN CASTIGO** resulta contraproducente. La mejor forma de evitar este descuido es observar esta regla: mientras más pronto se termine un castigo, mejor. Si el castigo se prolonga mucho, el niño se acostumbra al dolor o a la incomodidad y éstos dejan de tener efecto.

En cierta forma, las recompensas son más importantes que los castigos. No puede enseñar lo bueno y lo malo si siempre está refiriéndose a lo malo. En realidad, al centrarse en lo "bueno" sus castigos se vuelven más efectivos y usted termina castigando menos y disfrutando más de sus hijos.

- Las buenas recompensas con frecuencia incluyen lo opuesto de los castigos antes mencionados. Es decir, usted prolonga la hora de los permisos para llegar a casa, suspende ciertas tareas domésticas una tarde, da unas monedas más como incentivo y arregla paseos especiales con mamá o papá.
- Sus recompensas deben superar a los castigos en una proporción de dos a uno. Así, por cada palabra dura que dirija a sus hijos, dígales dos palabras amables.
- No olvide que muchos niños responden de modo muy positivo a la atención especial.

CONSEJOS

Primer consejo del Dr. Dan

Probablemente esta es la sugerencia más importante de todas. Por lo menos una vez a la semana, cuando su hijo se esté divirtiendo, acérquese a él y dígale: "Te quiero mucho. Eres muy importante para mí". Quédese un momento y después retírese. Las primeras veces que lo haga, el niño podrá no responder o hasta pensar que usted ha perdido un tornillo, pero nunca rechazará el calor del afecto incondicional.

Adolescentes difíciles

El mal comportamiento de los adolescentes se presenta en todas formas y tamaños. Desde el adolescente que tiene pésimos modales, rompe todas las reglas, funciona mal en la escuela y trata de manipular a todo el mundo, hasta el joven de más edad que llega tarde a casa, abusa de las drogas, es combativo verbalmente (y a veces también físicamente) y muestra una falta total de respeto por la familia. Aunque la mayoría de los adolescentes no llegan a esos extremos de mal comportamiento, ponen a prueba la paciencia de sus padres.

Los padres de estos adolescentes se muestran exasperados. Aman a sus hijos, pero a veces no soportan estar cerca de ellos. Se dan cuenta de que sus hijos tienen problemas. Cuando sus incontables esfuerzos para ayudarlos son inútiles, muchos voltean la espalda y esperan que los chicos "salgan de esa etapa".

He descubierto que ayudar a los adolescentes indisciplinados es el mayor desafío para un padre o consejero. Sin embargo, ellos necesitan ayuda, aunque no quieran admitirlo. Están tristes, ofendidos, asustados y les falta confianza en ellos mismos, pero en lugar de tratar estos problemas en forma abierta, cubren sus inseguridades con una gruesa capa de comportamiento desagradable y falta de respeto.

He hecho recomendaciones especiales para los padres de adolescentes indisciplinados, las cuales han funcionado la mayor parte de las veces, pero no son infalibles. Las presentaré en siete etapas.

He sabido que muchos adolescentes que no aprovecharon la guía de sus padres, regresaron varios años después y les dijeron: "Gracias por darme lo mejor de ti. Perdóname por no haberte escuchado. Tuve que aprender de la manera difícil. Gracias por amarme tanto y darme todo lo que podías. Tenías razón."

Estas útiles ideas contienen una advertencia. Al llegar al fondo del mal comportamiento de los adolescentes, se pueden descubrir varias fallas del matrimonio.

- Se pueden desarrollar dos malos hábitos en los mejores matrimonios: dar por hecho lo de uno de los padres y no ser honesto en los sentimientos personales. Los adolescentes descubren esto con rapidez y tratan de conseguir lo que quieren utilizando a un padre en contra del otro.
- Si busca ayuda para su familia, debe examinar con atención su matrimonio. Mientras más pronto aclare los problemas maritales, más pronto será capaz de ayudar a sus hijos.

Muchas de las cosas que se deben hacer y que no se deben hacer contenidas en este libro se aplican en especial a los adolescentes.

NO DEBE:

1. Discutir, sermonear, insistir o seguir hablando después de haber tomado una decisión.
2. Contestar las réplicas (ver capítulo sobre reclamaciones).
3. Explicar su posición cuando haya emociones negativas.
4. Ser amistoso, bromista o demasiado dulce cuando confronte hostilidad.
5. Poner como ejemplo a otros niños. Sus propios valores deben ser el modelo.
6. Golpear.
7. Humillar al muchacho o insultarlo.
8. Meter en líos a compañeros, parientes o hermanos.
9. Gritar constantemente.
10. Amenazar con hacer algo que no va cumplir.

Es fácil desentenderse de los adolescentes indisciplinados o actuar en el extremo opuesto y correrlos de la casa. Creo que si toma en cuenta las siguientes etapas sabrá que intentó todo lo humanamente posible.

Paso uno

- Aumente el nivel de responsabilidad de su hijo. Encuentre ejemplos específicos de mal comportamiento y muéstrelos a su hijo en el momento más tranquilo posible.
- Le sugiero utilizar palabras similares a las siguientes: "Ultimamente no has cumplido con tus responsabilidades (dé ejemplos). No quiero pelear contigo, pero tengo que hacer algo sobre tu comportamiento. Si no mejoras, me veré obligado a tomar alguna acción."

Paso dos

- Tome el segundo paso en apoyo a la amenaza hecha en el primero. Empiece con resistencia pasiva, rehusando hacer favores.
- Ejemplos de esta resistencia pasiva pueden ser: no planchar su ropa favorita, no prepararle su refrigerio, negarse a hacer ciertas cosas especiales que antes hacía.
- Puede explicar su actitud de la siguiente manera: "Mientras continúes haciendo lo que me molesta, dejaré de hacer lo que a ti te gusta."

Paso tres

- Si persiste el mal comportamiento, puede adaptar una postura más activa y retirarle fuentes de placer como el teléfono, la televisión y el estéreo.
- Si da este paso, esté preparado para más reclamaciones. Recuerde lo que no debe hacer y diga: "Te

dije que tomaría alguna acción en relación con tu mal comportamiento. Si quieres las cosas buenas de la vida, tendrás que ganártelas con una actitud responsable."

Paso cuatro

- En el paso tres se quitan las cosas buenas y en el cuatro se proporcionan las malas. Aquí se impone un castigo, por ejemplo, el confinamiento.
- Si tuvo que tomar este paso porque no dieron resultado los tres primeros, puede decir a su hijo: "Traté de convencerte de la manera fácil, pero has demostrado que eso no sirve. A mí tampoco me gusta lo que estoy haciendo y dejaré de molestarte si te comportas."

Paso cinco

- Si los primeros cuatro pasos no funcionan, debe buscar ayuda profesional antes de llevar a cabo el paso cinco.
- Cuando el adolescente no ha respondido a los primeros cuatro pasos, es signo de que existe un comportamiento peligroso (abuso de drogas, promiscuidad sexual, etc.). En este caso debe investigar en la recámara de su hijo, escuchar sus conversaciones privadas, seguirlo cuando salga de casa o llamar a las casas de sus amigos. Haga esto después de haber advertido a su hijo sobre la acción que va a tomar y el porqué de la misma. (Ver capítulo sobre privacía.)

Paso seis

- Antes de darse por vencido, busque a su hijo otro lugar para vivir, como la casa de algún pariente o un adulto responsable. Un cambio completo de condiciones de vida puede ayudar al muchacho a regresar al camino correcto.
- Presente la idea a su hijo de esta manera: "Tu mal comportamiento constante me indica que no quieres vivir aquí. Te podrás ir si acordamos a donde y continuaré manteniéndote. Si eso no funciona, me veré obligado a pedirte que abandones la casa."
- Puede consultar organizaciones para jóvenes, privadas o del gobierno.

Paso siete

- Contrariamente a lo que haya leído o escuchado, es casi imposible correr a un hijo de la casa. Si después de haber intentado todo lo humanamente posible, el comportamiento del adolescente es tan malo que llega a hacerse insoportable, tendrá que tomar la firme resolución de llevar a cabo el paso siete.
- Simplemente dígale que se vaya déle un plazo de tres a cuatro días. No repita la orden.
- Si no se va, empaque todas las posesiones del muchacho y colóquelas en la cochera. Dígale: "Te dije que te fueras. Toma tus cosas y vete."
- Si él no se va y tiene llave de la casa, cambie las cerraduras.

Después de haber llegado a los pasos seis y siete, el muchacho puede decir repentinamente que ha cambiado. Entonces usted debe implementar un programa de retorno gradual a la casa.

- Proporcione al muchacho un lugar para dormir, tal vez el sofá, durante tres días. La ropa y otras pertenencias deben permanecer empacadas durante este periodo de prueba. Si el muchacho se mantiene confinado, hace trabajos adicionales y se comporta con mucho respeto durante este tiempo, puede proceder a la fase dos de este programa.
- Permita cierta libertad al muchacho (hasta las 8 de la noche), pero no deje que las pertenencias se desempaquen por completo.
- La tercera fase debe incluir alguna especie de programa educacional/vocacional. El muchacho debe regresar a la escuela, recibir algún entrenamiento o involucrarse en alguna actividad de trabajo o estudio. En este punto todavía no puede desempacar sus cosas.
- Una vez que el muchacho se ha ajustado al horario de llegada, tareas y deberes educacionales/vocacionales, usted puede sentirse seguro de que las cosas han cambiado en realidad. Puede permitirle que desempaque todo y vuelva a reunirse con la familia. Si lo permite antes de esta etapa, corre el riesgo de tener que llevar a cabo todo el proceso de nuevo. Esto ya es demasiado duro para tener que volverlo a hacer.

Automóvil

Si un adolescente sabe que papá y mamá supervisan el uso del automóvil, tendrá mayor respeto y cuidado con una máquina tan peligrosa.

Aquí se presenta una oportunidad para dar a los hijos una lección de madurez: SE PROTEGEN LOS DERECHOS PROPIOS OBSERVANDO UNA CONDUCTA RESPONSABLE.

Hay muchos aspectos que debe considerar antes de poner un automóvil a disposición de un adolescente. Los siguientes son sólo algunos:

- El muchacho debe cumplir con los requisitos para obtener una licencia de manejar.
- Debe contribuir a los gastos del automóvil con dinero que él mismo haya ganado.
- Debe cuidar el automóvil y mantenerlo limpio.
- Debe manejar de acuerdo con las normas establecidas por usted.

- Debe estar dispuesto a hacer mandados como parte de sus responsabilidades.

A continuación se anotan algunos CONSEJOS que le ayudarán a tomar la difícil decisión de si su hijo debe poseer un automóvil.

- No compre un automóvil nuevo a su hijo tan pronto como él obtenga una licencia de manejar.
- Si le permite comprar un automóvil usado, asegúrese de que disponga del dinero suficiente para el enganche y los abonos.
- Esté dispuesto a brindar un trato especial si su hijo obtiene calificaciones más altas que el promedio.

El adolescente debe mostrar respeto por el automóvil manteniéndolo limpio.

- Si el automóvil está sucio, no regañe a su hijo para que lo limpie, sino simplemente reduzca su permiso para manejarlo varios kilómetros o varias horas.
- Si el problema se vuelve crónico, usted puede tomar la decisión de quitarle el automóvil durante una semana.

Llegar tarde a casa con el automóvil es más grave que simplemente llegar tarde.

- Rebaje cierto número de kilómetros o de horas de permiso por llegar tarde con el automóvil. Aumente la restricción si persiste el problema.

Si su hijo comete alguna infracción por exceso de velocidad. No se altere, eso no es algo terrible.

- Resista la tentación de gritarle y regañarlo.
- Haga que él pague la infracción con su propio dinero.
- Puede reducir algunas horas o kilómetros de permiso. Si el asunto no es grave, deje que la sociedad le enseñe la lección.
- El muchacho debe mostrar cierto arrepentimiento por la infracción. Si por el contrario, presume de ella, usted debe restringirle el uso del automóvil.

Si su hijo llega a casa en el automóvil y usted percibe algún indicio de alcohol o droga, debe imponer un castigo muy severo.

- Dependiendo de la gravedad de la ofensa, usted debe decretar un confinamiento a su recámara por lo menos de dos días y si es necesario, hasta diez.
- Durante ese tiempo, el muchacho no debe recibir amigos, ni llamadas telefónicas, golosinas, televisión o música y hasta tendrá que comer en su propia habitación.
- Terminado el castigo, ponga a su hijo a prueba du-

rante varias semanas, en las cuales los permisos se reducirán a la mitad. Ocasionalmente siga a su hijo y esté pendiente de cualquier indicio sospechoso, tal como latas de cerveza o cenizas.

- Lo más importante es que su hijo comprenda el mensaje de que usted no tolerará ninguna señal de que él pone su vida en peligro manejando ebrio o drogado.

Ayuda profesional

Para la mayoría de las personas es muy penoso admitir que no pueden manejar sus asuntos personales. Buscar ayuda profesional les parece equivalente a admitir que no tienen la misma capacidad intelectual de los demás. Sin embargo, si lo pensamos bien, veremos que *todos* estamos un poco desequilibrados, tan sólo por el motivo de tratar de vivir en el mundo actual que puede volver loco a cualquiera.

Otra causa de la renuencia de las personas para buscar ayuda es el cauteloso profesionalismo de algunos terapeutas. Aun cuando es verdad que los consejeros deben mantener una distancia emocional entre sus clientes o pacientes, muchos profesionales utilizan esto para menospreciar el dolor de las personas. Al hacerlo, estos terapeutas simulan que son las únicas personas cuerdas del mundo.

No hay motivo por el cual los terapeutas no deban ser cálidos y hasta humildes cuando trabajan con personas que necesitan ayuda. El hecho de que ellos sepan cómo funcionan las personas, no significa que no estén un poco enajenadas como el resto de nosotros.

Si necesita ayuda, no se convierta en una víctima pasiva de la insensibilidad de un consejero profesional. Le sugiero utilizar estos CONSEJOS.

Saber cuándo es necesario buscar ayuda puede ser tan difícil como encontrar a la persona adecuada.

Usted debe buscar ayuda cuando:

- Un amigo le diga que usted necesita más ayuda de la que él puede proporcionarle.
- Ha utilizado toda clase de recompensas y castigos con sus hijos, pero nada funciona.
- Usted enfrenta una situación difícil (una huida, divorcio, hija embarazada o hijo encarcelado) y no sabe adónde dirigirse.
- Se repite en forma constante cualquier problema.
- Su hijo abusa del alcohol o de otras drogas, trata de agredirlo a usted físicamente, se ausenta de la casa toda la noche o rehusa por completo a estar confinado cuando usted se lo indica.
- Usted ha llegado a un nivel de frustración tal, que no le queda energía mental o paciencia.
- No tiene un gran problema, pero le molesta su falta de confianza o de capacidad como padre. Una o dos sesiones bien valen el tiempo y dinero gastados.

Es difícil conseguir el nombre de un consejero o terapeuta que pueda ayudarlo con su problema. No obstante, puede hacer lo siguiente.

- Platique con amigos de confianza para que le recomienden a alguien.
- Pregunte en la escuela de su hijo sobre consejeros conocidos que trabajen bien con niños y sus familias.
- Hable con un sacerdote de confianza o con su pediatra para que le recomiende a alguien.

Saber cómo evaluar a un consejero o terapeuta potencial también es difícil. Estas son algunas sugerencias de lo que debe buscar.

- Un consejero o terapeuta honorable es un psicólogo, psiquiatra, trabajador social, consejero matrimonial, sacerdote o algún otro científico social entrenado profesionalmente y con la licencia adecuada, que puede estar trabajando para una agencia honorable. No tiene que buscar a un tipo particular de consejero o terapeuta, mientras siga las sugerencias que le he proporcionado.
- Un consejero calificado debe poder describir su enfoque personal. Pídale una descripción breve de su punto de vista teórico. Usted debe estar de acuerdo con la filosofía del consejero.
- No espere obtener mucha información por teléfono antes de la primera cita. Cualquier consejero/terapeuta honorable deseará hablar con usted personalmente antes de describirle su enfoque.
- Dos o tres días después de la primera sesión, algunas de las opiniones que externó el consejero/terapeuta deben parecer acertadas. Si usted piensa que

el consejero/terapeuta no ha acertado en nada, debe reevaluar su elección.

Tenga cuidado con ciertas realidades que deben quedar claras:

- Señale con claridad que no está renunciando al control de su familia sólo porque tiene problemas. Algunos consejeros o agencias tratan de extender demasiado su autoridad. Recuerde que los consejeros lo están ayudando, pero no deben controlar su vida.
- Pida que la información sea confidencial en particular si hay que enviar algún reporte de servicios a una persona o agencia.
- Debe estar listo para invertir tiempo, dinero y energía en la terapia.
- Infórmese bien sobre los honorarios, forma de pago y la posibilidad de que su seguro cubra estos gastos antes de su primera cita. La terapia es costosa y el dinero no debe constituir un obstáculo.

Berrinches

Existe una gran variedad de berrinches, unos más irritantes que otros, desde los gritos de los niños de dos años de edad hasta las quejas de los adolescentes.

En cierta forma, los berrinches no son tan malos porque sirven para desahogar la frustración y para que los niños quemen el exceso de calorías que consumen. Sin embargo, muchos niños creen que los berrinches resuelven problemas y si les deja esta idea puede ser muy peligroso. Los niños que confían en los berrinches han disminuido su capacidad para manejar las duras realidades de la vida, si no encuentran una manera más adecuada de llamar la atención y resolver sus problemas.

No recomiendo el castigo como disciplina para combatir los berrinches. Lo principal es *detener el berrinche*.

Sirve más ignorar ciertos berrinches, si usted tiene la paciencia. Intente detenerlos utilizando las siguientes técnicas indirectas.

- Si puede tolerar el ruido, simplemente aléjese hasta que haya cesado el berrinche y espere unos minutos. Después regrese y préstele atención al niño por el hecho de que se haya calmado. Este procedimiento sencillo priva al niño de un auditorio.
- Puede retirar físicamente al niño a un área distante y después ignorarlo. Asegúrese de mover al niño con suavidad, pero con firmeza antes de que se enoje demasiado y pueda lastimarlo. Puede decirle: "No recibirás atención hasta que te hayas calmado y juegues tranquilamente".
- Cuando escuche el grito de ira (distinto del grito de dolor) lanzado por su pequeño, ignórelo como se indicó antes. Esto es muy difícil para los padres jóvenes. Sin embargo, algún día debe enseñar a su querido hijo que gritar no produce nada más que un dolor de garganta.
- Estas sugerencias se utilizan mejor con infantes hasta los 5 o 6 años de edad.

Si el berrinche de su hijo es violento y representa un peligro para él mismo, para los demás o para ciertos objetos materiales, tendrá que tomar una medida más directa.

- Con firmeza, detenga al niño desde atrás, poniendo sus manos sobre los hombros de él y dígale: "¡Deténte en este momento!"
- Coloque al niño en una silla o párelo en el rincón.
- La silla es un castigo menor. Indíquele que debe quedarse en el rincón o en la silla hasta que esté

quieto.
- Cualquiera que sea la técnica que emplee, debe interrumpirla en cuanto el niño se haya calmado. Recuerde que su objetivo principal es *detener el berrinche.*

He aquí otras técnicas que puede utilizar para detener un berrinche, ya sea que el niño se muestre violento o no.

- Haga un ruido fuerte con las palmas de las manos o con un silbido. Con esto puede interrumpir un berrinche y decir: "¡Basta!"
- El padre paciente y tolerante puede pararse junto al niño berrinchudo y simplemente mirarlo fijamente. Después de algunos minutos es probable que el niño se calme y mire a su padre preguntándose qué está pasando. Cuando cese el berrinche, pida al niño que haga algo que ocupe su mente y se olvide del motivo de su berrinche.

Con niños más grandes, digamos de 8 a 9 años, no le conviene discutir porque nunca ganará. Puede usar estas palabras para detener el berrinche de un niño mayor.

- "Tienes derecho a sentirte no realizado, pero espero que te controles. No quiero verme sujeto a tus frustraciones, bastante tengo con las mías."
- "Ya estuvo bien. Así no vamos a llegar a ningún la-

do."
- En todos los casos, sin importar lo que diga, después de haber hablado, sálgase o pida a su hijo que lo haga.

Es más probable que evite los berrinches, si proporciona a su hijo una experiencia agradable después de que se haya ocupado de un trabajo o juego adecuado.

- Es muy importante el momento en que se da atención a un niño que hace berrinche. Préstele atención *no* inmediatamente después de haber dejado de hacer el berrinche sino en cuanto inicie una actividad positiva. En resumen, usted va a recompensar la conducta adecuada del niño, no la terminación del berrinche. Esperar unos minutos puede ser la gran diferencia en la lección que el niño aprende.
- La experiencia gratificante puede ser muy simple: un abrazo, una palmada, unas palabras amables como: "Aprecio tu buen comportamiento. Gracias".

Cama mojada

La regresión en los niños que no son capaces de dominar sus funciones corporales altera a muchos padres. He visto a madres jóvenes que al enfrentar los problemas de una cama mojada o ropa interior mojada o sucia, se convencen al instante de que son un fracaso total. Yo he tratado de ayudarlas indicándoles que no tiene caso alterarse tanto.

Serénese y enfrente la situación tomando en cuenta estas sugerencias.

- Descarte cualquier problema físico consultando a su médico familiar.
- Revise los sucesos en la vida del niño y vea si ha habido alguna tensión seria. Muerte, divorcio o maltrato pueden causar el problema. Mientras más edad tenga el niño, es más probable que haya tensión interna.
- Algunos niños mojan la cama o su ropa para casti-

gar o manipular a sus padres. Honestamente evalúe qué tanto grita cuando su hijo moja o ensucia su ropa. Sus emociones pueden estar provocando problemas de falta de dominio de funciones corporales en el niño.

- Consulte algún libro al respecto y si esto no funciona, busque ayuda de un profesional. Una o dos horas de consulta individual pueden ayudar a descubrir y corregir sus pequeñas fallas como padre.

Dinámica familiar

Cuando el papá, la mamá y los hijos viven juntos en la misma casa, las cosas se complican. Pero si añade tíos, tías, primos y abuelos, el asunto puede escapar de control.

Exceptuando situaciones poco comunes, tengo fe en el núcleo familiar, es decir, los padres y los hijos que forman una unidad. Creo que esta unidad familiar debe ser responsable del cuidado y la educación de los hijos. No me gusta que haya interferencia externa en este proceso, y creo que los parientes deben intervenir lo menos posible en los asuntos privados de la educación de los niños.

Si la autoridad de la unidad familiar se centraliza en uno o los dos padres, será más fácil para los niños relacionarse con figuras de autoridad de una manera constructiva. Mis ideas en este capítulo suponen que son los padres los que educan a los hijos y no los parientes.

Las desavenencias entre el papá y la mamá son una parte de la vida. Tenga calma mientras sigue estas ideas para ayudar a los niños a ajustarse a los desacuerdos normales.

- Diga a sus hijos que sus pleitos son iguales a los que tienen ocasionalmente dos amigos cuando no están de acuerdo en algo.
- Aun cuando no tiene que hacerlo delante de sus hijos, hágales ver que las cosas regresan a la paz lo más pronto posible.
- No tiene que explicar a los niños por qué pelean usted y su cónyuge. Mientras más hable de eso, ellos se sentirán más confundidos.
- Recuerde a sus hijos que deben mantenerse fuera de sus pleitos y no tomar partido.
- *Nunca* obligue a sus hijos a escuchar sus problemas ni los obligue a escoger bando.
- CUIDADO. Mientras más pelee, corre más riesgos de un constante desequilibrio emocional, creando tensión en el hogar y disminuyendo su autoridad.
- Si los pleitos continúan o se vuelven anormales, busque un consejero matrimonial.
- Recuerde: lo mejor para los hijos es un buen matrimonio y lo peor, uno malo.

A los abuelos no les gusta tener que educar a los nietos (por lo menos a la mayoría de los abuelos). Lo que ellos quieren es disfrutarlos. Ponga en práctica las siguientes sugerencias.

- No se aproveche de los abuelos y les pida con frecuencia que cuiden a sus hijos. Contrate una niñera.
- Si maneja los problemas de disciplina sin preocuparse de lo que vayan a opinar los abuelos, lo más

probable es que ellos no digan nada.
- Si no quiere que los abuelos intervengan en los asuntos de la familia, piense dos veces antes de contarles sus problemas.
- No tema pedir a los abuelos un consejo constructivo para manejar un problema específico. Ellos aman a los niños, pero también pueden verlos desde un punto de vista más objetivo que usted.

Si usted y su cónyuge están en desacuerdo en las medidas disciplinarias, siga este procedimiento.

- Cada uno elabore una lista de los principales problemas de comportamiento de sus hijos.
- Haga una lista de las áreas en las que están en desacuerdo.
- Esté dispuesto a ceder en algunas áreas, así como él (ella) debe estar dispuesto a ceder en otras.

Dinero

El dinero es un factor importante en la vida actual y los niños deben aprender a ganarlo, ahorrarlo y gastarlo en forma sensata. Aun cuando un muchacho gane su propio dinero, usted tiene la responsabilidad de supervisar que lo emplee en forma correcta. Es importante que él no confunda el dinero con el amor. Son asuntos distintos. Ambos son importantes pero uno no compensa la ausencia del otro.

La responsabilidad financiera en sus hijos se desarrollará en fases, por lo que conviene empezar temprano.

- *Fase uno.* De 0 a 5 años de edad. Los niños tienen la idea de que ganar dinero está relacionado directamente con el trabajo.
- *Fase dos.* De 6 a 9 años de edad. Los niños reciben una cantidad semanal relacionada con las responsabilidades diarias.

- *Fase tres.* De 10 a 13 años de edad. Los niños reciben una cantidad semanal relacionada directamente con sus responsabilidades diarias. Hacen las tareas domésticas porque viven en la casa, no porque se les pague.
- *Fase cuatro.* De 14 años en adelante. Los hijos no reciben "domingo". Ganan su dinero por medio de contratos de trabajo con usted o mediante un trabajo fuera de casa.

Examinemos cada fase con más detalle.

Fase uno

- Esta fase comienza cuando el niño tiene la edad suficiente para decir "dame".
- El niño gana una pequeña cantidad de dinero inmediatamente después de haber completado con éxito una "tarea": "Te daré una moneda si me ayudas a sacar la basura y a darle de comer al perro."
- Déle el dinero y pregúntele en qué va a gastarlo. Estimule al niño para que conserve el dinero durante un día o dos antes de gastarlo.
- Mientras más edad tenga el niño, debe esperar que conserve el dinero durante más tiempo.
- Si el niño pierde el dinero, indíquele que lo siente mucho, pero no le dé más para remplazarlo.

Fase dos

- Esta fase comienza alrededor de los cinco años de edad. Escogí esta edad porque por lo general coincide con la responsabilidad adicional de la enseñanza formal. No obstante, si desea puede iniciar esta fase antes.
- El niño recibe una cantidad semanal conservadora en relación directa con su desempeño de responsabilidades diarias.
- El niño debe pagar con su dinero sus pequeños gustos personales, como dulces, revistas, etc.
- En mi opinión, el niño debe ganar dinero extra para gastar en alguna salida especial. Usted puede prestarle el dinero siguiendo mis recomendaciones de la sección de préstamos de este capítulo.

Fase tres

- Esta fase debe empezar alrededor de los diez años del niño. Me gusta la idea de iniciarla el día del cumpleaños para poder comunicar mejor el mensaje: "Ahora eres más grande y espero que te comportes de acuerdo con tu edad."
- Se suspende la evaluación semanal si el niño ha demostrado que no necesita constante supervisión.
- Se aumenta ligeramente la cantidad semanal de dinero.
- Se espera que el niño continúe haciendo las tareas de la casa.

- El incumplimiento de las responsabilidades debe dar como resultado multas o reducciones del "domingo".
- Antes de la terminación de esta fase, se debe estimular a los niños para que encuentren una nueva fuente de dinero que ganen por sí mismos. Para más detalles, vea el capítulo sobre trabajo y tareas.
- No olvide anticipar en detalle cómo va a ser la fase cuatro.

Fase cuatro

- Esta fase debe comenzar aproximadamente a los catorce años de edad. Es indispensable explicar los lineamientos en forma clara y concisa. En mi opinión, esta fase debe preparar a los hijos para dejar la casa.
- Continúan los deberes de la fase tres, así como la revisión general de responsabilidades y la imposición de multas financieras.
- Se suspenden todos los "domingos".
- Los hijos deben ganar su dinero "para gastar" trabajando en una actividad más o menos fija: cuidando niños, ayudando a los vecinos o mediante un contrato de trabajo con usted para desempeñar labores que vayan más allá de las tareas domésticas diarias. Por ejemplo: lavar y encerar el automóvil, encerar los pisos, lavar las ventanas, etc.
- Pague a sus hijos por lo menos la mitad de lo que se paga por estos trabajos.

- Elabore una lista de trabajos posibles, pero no se responsabilice por hacer trabajar a su hijo. Deje que la necesidad de dinero lo haga.

El hecho de que su hijo gane su propio dinero no significa que usted deba dejar de supervisar cómo lo gasta.

- Informe a su hijo que las compras que excedan de cierta cantidad están sujetas a revisión. Establezca esa cantidad.
- Tenga cuidado con las compras relacionadas con automóviles, estéreos, ropa costosa o algún otro artículo que represente una inversión de importancia.
- Estimule a su hijo para que tenga una cuenta en el banco y revísela cada dos meses. Sepa lo que sus hijos están comprando.

Muchos padres, sin darse cuenta, enseñan a sus hijos que los préstamos no tienen que pagarse al "prestarles" dinero y no "cobrárselo".

- Si usted llama "préstamo" a la cantidad que facilita a su hijo, asegúrese de que éste pague de alguna manera.
- Si su hijo quiere dinero adicional para un juguete o alguna otra cosa, préstele el dinero sólo si el niño ha demostrado cumplir con sus pagos en el pasado.
- Cuando conceda el préstamo, establezca el plan de

pago. En la mayoría de los casos, el préstamo se paga una semana después.

- Los préstamos pueden pagarse desempeñando pequeños trabajos, como limpiar el interior del automóvil o aspirar una habitación.
- En el caso de préstamos grandes a hijos mayores (para ayudar con el pago del enganche de un automóvil, por ejemplo), establezca un plan de pagos similar al del banco. Es decir, si el hijo se retrasa dos meses, retírele el artículo temporalmente. Para reducir las posibilidades de conflicto, ponga sus condiciones por escrito.

Divorcio

El divorcio llena de tensión a todos los miembros de la familia. En lugar de proporcionarle mis ideas sobre por qué sucede, le daré mis CONSEJOS para mejorar, cuanto sea posible, una situación mala.

Sea cual fuere la naturaleza de su divorcio, por favor tome en cuenta la siguiente regla. *No ponga a los hijos en medio de sus problemas.* Si piensa que cometió un error, no cometa otro.

Cuando considere un divorcio, debe incluir medidas de protección para los hijos. Ambos cónyuges deben estar de acuerdo en estas medidas.

- Como parte de su convenio de divorcio y arreglos financieros, debe decidir con su cónyuge sobre la forma de hablar a los niños. Si no pueden vivir junto con su pareja, por lo menos póngase de acuerdo para reducir al mínimo los problemas a los niños.

- Si los abogados estimulan la paranoia y el pleito entre los cónyuges, usted debe pedirles que le ayuden a resolver los problemas, no a crearlos.

Es en extremo difícil hablar a los hijos sobre el divorcio. Las siguientes son algunas ideas y frases que pueden facilitarlo.

- "Papá y mamá ya no vivirán juntos."
- "Tú no ocasionaste el rompimiento. No tiene nada que ver contigo."
- "No puedes hacer que volvamos a reunirnos, por eso no lo intentes."
- "Ambos te queremos y trataremos de ayudarte lo más que podamos."
- Sin importar las palabras que utilice, ayude a los hijos a que vean la realidad, aun cuando no sea agradable y lastime.
- No espere que los niños entiendan completamente. Pregúntese si en realidad comprende lo que le está pasando. Es posible que no.
- Permita que los niños desahoguen sus sentimientos con usted o con su cónyuge, interpretando, juzgando o "contestando" esos sentimientos.

Si no sabe si debe buscar ayuda para sus hijos o no, considere estas ideas.

- Busque ayuda externa si hay algún indicio de que están colocando a los hijos en medio. Las siguientes

frases lo indican:
- "Quiero que me digas lo que tu padre (madre) está haciendo con su amiga(o)."
- "Quiero que me quieras más que a tu padre (madre)."
- "Si tu padre nos diera más dinero, podrías tener el vestido que quieres."
- Si un niño ya tiene problemas de comportamiento, un divorcio puede agravarlos.
- La edad crítica para los niños que atraviesan por un divorcio es entre los 5 y los 15 años aproximadamente. Los niños más pequeños por lo general no tienen idea de lo que pasa y los mayores comprenden mejor de lo que usted cree.

Suena vacío, pero trate de no preocuparse demasiado de sus hijos. Eso no sirve de nada.

- Usted también está atravesando por un divorcio y probablemente sea más duro para usted y su cónyuge que para sus hijos.
- Sus hijos volverán a la normalidad con gran rapidez, probablemente en unos meses. La clave es que usted ponga en buena condición su vida lo más pronto posible para que pueda volver a ser consistente, amoroso y pacífico. Las investigaciones indican que si no hay problemas continuos, el efecto de un divorcio en los niños durará de nueve meses a un año.
- Los CONSEJOS del capítulo "Padre de tiempo par-

cial" le ayudarán a manejar algunos aspectos de su nueva vida.

Esté dispuesto a hablar con su ex esposa(o) sobre los niños, pero tenga cuidado.

- Infórmele de modo conciso y claro sobre cualquier problema de conducta. Por ejemplo: "Joey llora cada vez que lo acuesto. Sugiero que lo ignores."
- Este enfoque evita las discusiones sobre la educación de los hijos y reduce la posibilidad de que los niños pongan a un padre en contra del otro.
- Si habla con su ex esposo sobre sus visitas poco frecuentes, pídale que vea a los niños más a menudo por el bien de ellos, no por usted.

Los pleitos por la custodia son muy dolorosos para todos los involucrados. Para minimizarlos, ponga en práctica las ideas que se sugieren.

- Mantenga a los niños fuera de la oficina del abogado. No los someta al proceso.
- Si los niños son menores de 11 o 12 años, usted y su cónyuge, con ayuda profesional, deben decidir lo mejor para ellos.
- Conserve el mayor tiempo posible a sus hijos en la misma casa, escuela, vecindario y cerca de sus amigos.

- Considere consultar a un "consejero de divorcio" para tratar de obtener la mejor atmósfera para sus hijos. El objetivo debe ser que usted mantenga bajo control sus malos sentimientos, recuerdos y pensamientos, para que no interfieran con la educación de sus hijos.

Drogas

En caso de que usted no lo haya pensado, existe grandes probabilidades de que su hijo pruebe alguna vez las drogas. Antes de que proteste asegurando que él nunca lo haría, permítame recordarle que su hijo, al utilizar su libertad e independencia, tratará de llegar más allá de los límites establecidos por usted. Además, el alcohol y otras drogas están disponibles para los muchachos de todas las edades.

Los siguientes CONSEJOS están dedicados a la prevención del uso de drogas. Aun cuando sus hijos sean pequeños, desde ahora puede hacer algo para reducir las posibilidades de que queden atrapados en ese vicio.

Mi fórmula para la prevención del abuso de drogas consta de diez partes. Las primeras cinco de alguna manera se cubren con mayor detalle en los primeros capítulos.

- *Responsabilidad de los niños.* Asegúrese de que sus hijos se encuentren en los niveles más altos de mi

- Indice de Responsabilidad. Si su hijo obtiene una calificación de 15, posee una buena autodisciplina.
- *Temor realista.* El respeto a su autoridad incluye cierta dosis de temor realista. Este ayudará al niño a protegerse a sí mismo. Revise el capítulo "Cómo desarrollar su autoridad."
- *Actividades individuales.* Todos los niños deben tener por lo menos una actividad que los retire del grupo de sus compañeros. El capítulo "Presión de los compañeros" lo ayudará a comprender esta regla.
- *Resistir la presión de los compañeros.* Tiene razón al preocuparse de la forma en que sus hijos manejan la presión de sus compañeros. Su arma final consiste en estimular el uso del libre albedrío y la decisión individual. Vuelva a leer los capítulos "Comience con el pie derecho", "Cómo desarrollar su autoridad" y "Presión de los compañeros".
- *Reglas no negociables.* Nunca debe permitir que sus hijos crean que está bien tomar drogas. Revise el capítulo sobre las reglas. Le ayudará a distinguir entre las negociables y las no negociables.

Las otras cinco partes de mi fórmula para la prevención del uso de las drogas pueden parecer absurdas, pero le aseguro que no lo son.

Nutrición adecuada

- Comer es divertido, pero también es un asunto serio. Trate de que sus hijos comprendan por qué la

alimentación adecuada resulta esencial para su organismo.
- Si los adolescentes son adictos a la "comida chatarra", no es de sorprender que también ingieran drogas de todo tipo.

Vencer el aburrimiento

- Los niños que tienen sentido de responsabilidad y autodisciplina saben cómo vencer el aburrimiento. Permítame citar el viejo adagio: "La ociosidad es la madre de todos los vicios."
- La costumbre de terminar cada tarea que se comienza ayuda mucho para vencer el aburrimiento. Una vez que sus hijos empiecen un trabajo aburrido (lavar los platos, limpiar las ventanas, etc.), deben terminarlo antes de jugar o hacer otra cosa.
- Resista la tentación de encargarse de divertir a su hijo. Puede sugerirle qué hacer, pero no lo haga por él.

Supervisión

- Ya sea que tengan 2 o 12 años de edad, sus hijos deben saber que la primera vez que intenten algo nuevo, usted estará observando.
- Cuando sus hijos conozcan y jueguen con nuevos amigos, mi opinión es que usted trate de informarse sobre quiénes son y dónde viven.
- Antes de llevarlos a un nuevo parque, vaya usted y sondee el terreno.

- Si van a asistir a una nueva escuela, visítela antes o vaya en el automóvil la primera vez, vaya a dejarlos y a recogerlos. Aun cuando no reciba información de primera mano sobre lo que hicieron, por lo menos déles una señal de que usted está interesado en lo que sucedió.
- Si su hijo lo acusa de no confiar en él, puede decirle: "Confío en ti en muchas situaciones, pero no en ésta, hasta que me indiques que puedes hacerte cargo de la situación."

Infomación sobre las drogas

- Nada sustituye al conocimiento de los padres sobre las drogas, su disponibilidad y efectos.
- Existe gran cantidad de libros y folletos sobre prevención del uso de drogas. Puede tratar de conseguirlos en librerías o en las asociaciones creadas para este fin.

Autocontrol

- Usted tiene derecho a beber licor, pero si abusa de ello, sus hijos lo imitarán.
- Si usted insiste en reservar una hora para el coctel todas las noches, corre el riesgo de enseñar a sus hijos a que tengan su propia hora del coctel cuando salgan con sus amigos.
- Si usted o su cónyuge abusan del alcohol o de alguna otra droga. ¡Busque ayuda ahora! Si no está se-

guro de qué hacer, llame a Alcohólicos Anónimos y
ellos lo ayudarán.
- Cuando se encuentre en uno de esos días en que de veras necesite beber algo, considere hacerlo donde no estén los niños.

Escuela

Es duro para los padres enviar a sus hijos a la escuela. Hay que cumplir con los horarios, transportarlos al colegio y, de regreso a casa, supervisarlos constantemente, lo que requiere tiempo y esfuerzo. También surge sentimiento de culpa al darse cuenta de que uno se siente contento porque los hijos están fuera de casa durante varias horas, y cerca del final de las vacaciones esperamos con ansia que se reinicien las clases.

A estas presiones, hay que añadir la realidad de que sus hijos tendrán problemas para adaptarse a la escuela. Usted debe estar algo agradecido acerca de este hecho porque ellos necesitan experimentar algunas dificultades para aprender a manejar las altas y bajas que forman parte de la vida. La mayoría de los niños que conozco no aprenden de los errores de sus padres (desafortunadamente). Tienen una opinión independiente, por lo general aprenden de sus propias caídas.

En cuanto respete el derecho de su hijo de tener problemas, estará mejor preparado para ayudarlo a aprovechar sus experiencias difíciles. Se presta a confusión saber en qué momento su intervención y deseo de ayudar se vuelve interferencia y, por el contrario, cuándo debe darse cuenta de que está dando a su hijo demasiada libertad para manejar sus propios problemas, lo que puede convertirse en una excusa para justificar la indiferencia.

Creo que hay una manera de evitar los extremos de interferencia e indiferencia. Los siguientes CONSEJOS le ayudarán a encontrar un equilibrio sensato.

Debo sugerirle una regla en particular: *Si es posible, antes de que usted intervenga, dé a sus hijos la oportunidad de solucionar sus propios problemas.*
La comunicación con el personal de la escuela, en especial si su hijo tiene un problema, puede ser muy delicada. Realícela con cuidado.

- Concerte una cita. Una cortesía así estimula el respeto mutuo.
- En el caso de que existan maestros diferentes por materia, tal vez sea conveniente hacer saber al maestro encargado del grupo el problema con el otro maestro. Posiblemente sea bueno ver primero al director.
- No olvide que los maestros, aunque están profesionalmente capacitados, forman parte de un sistema burocrático que los somete a presiones increíbles.
- Exprese sus comentarios de modo concreto. Dando y recibiendo información específica se llega más pronto a una solución. Si el maestro dice que su hijo es "nervioso e inquieto", pídale amablemente

que le dé un ejemplo reciente de lo que significa "nervioso". De igual modo, si usted dice que su hijo es "muy sensible", proporcione un ejemplo concreto de lo que quiere decir con esa palabra.
- Anote cualquier resolución o resultados que requieran acción por parte suya, del maestro o de alguna otra persona, para llevarlas a cabo.
- Cuando lo considere necesario, llame al niño para que tome parte en la conversación.
- Si se van a realizar cambios, debe acordar una fecha en la que se revisará el progreso del niño y el efecto de los cambios.

Si a pesar de las pláticas sostenidas con el maestro, su hijo sigue con problemas y usted cree que él ha hecho su mejor esfuerzo, tendrá que intervenir.

- Platique con el maestro antes de ir a la administración.
- Empiece la entrevista revisando sus notas de conversaciones con el maestro, indicando que su hijo ha tratado de corregir el problema, pero que las cosas siguen mal.
- Si el maestro continúa sensato, manifieste su punto de vista. ("Un buen maestro sabrá como resolver este problema".)
- Si no se soluciona el problema, indique al maestro que pedirá una cita con el director.
- Haga una cita e informe al director de un posible problema.
- Hágalo, pero no invite al maestro. Deje que eso lo

decida el director.
- Sea cortés cuando hable con el director.
- Si no se solucionan las cosas con el director, no tema solicitar una reunión con las autoridades educativas correspondientes. Si usted se mantiene sensato, el director hará todo lo que pueda para resolver cualquier problema.

Las siguientes son algunas sugerencias para manejar el bajo rendimiento de los niños en la escuela.

- Preste mucha atención a los hábitos de aprendizaje de los niños pequeños. Si obtienen malas calificaciones, ayúdelos a concentrarse en *cómo* solucionar el problema y no en obtener la respuesta correcta.
- Las calificaciones son importantes, pero no exagere su importancia. Más que un "diez", debe estimular el mejoramiento.
- Confíe en los maestros y psicólogos de la escuela si le advierten de algún problema y no tema reunirse con ellos para tratar el asunto.
- Si quiere empezar un programa de mejoramiento, hágalo en forma *gradual*. Revise los documentos diariamente o una vez por semana para darse cuenta si ha habido mejoramiento.
- Si castiga a su hijo por malas calificaciones, el castigo debe ser breve.
- Para evitar que lo engañen, revise de vez en cuando los documentos que su hijo lleva a la casa. Hable con los maestros para saber la verdad.
- No presione a sus hijos debido a sus propias frustraciones o por su necesidad de logro.

Un niño puede interrumpir una clase de muchas maneras; hablar cuando no debe, molestar a un compañero, pasar recados o negarse a trabajar, son las quejas frecuentes de los maestros. Su papel consiste en ayudar al maestro a ayudar a su hijo.

- **Primera ofensa.** Deje que la escuela se haga cargo de la sanción. Indique al niño que si vuelve a suceder, recibirá doble castigo, uno de la escuela y uno de usted. No especifique cuál.
- **Segunda ofensa.** Además del castigo de la escuela, déjelo en confinamiento durante dos noches sin televisión, radio ni teléfono.
- **Tercera ofensa.** Repita lo mismo de la segunda ofensa, pero durante un fin de semana.
- **Mal comportamiento repetido.** Pida una reunión con un psicólogo (el de la escuela, si lo hay).
- Si el problema es simple flojera, pida al maestro que envíe los trabajos incompletos a la casa y que usted hará que el niño los termine antes de jugar.
- Si decide llevar a cabo un programa de reforzamiento, pagando por el mejoramiento de la conducta, será necesario que el maestro le dé información diaria del comportamiento específico. La recompensa debe darse al final del día y los hijos de más edad (secundaria) deben recibirla al final de la semana.

Casi todos los muchachos se saltan una clase o dejan de asistir a la escuela alguna vez. No se exalte, pero debe hacer algo.

- Sin importar las circunstancias, indique a las autoridades de la escuela que quiere ser notificado de las faltas. De preferencia por medio de una llamada telefónica en lugar de una carta.
- Se trata de una falta menor. La primera vez que su hijo se salte una clase o deje de ir a la escuela, su respuesta en casa depende del nivel de responsabilidad de su hijo. Utilizando la escala del capítulo sobre responsabilidad, determine el comportamiento de su hijo durante el último mes. Si su responsabilidad está en el nivel alto, bastará una advertencia: "Has sido muy responsable, por eso te doy otra oportunidad. No vuelvas a hacerlo".
- Si la responsabilidad del niño ha sido regular, usted debe imponerle algún castigo.
- Si su hijo sigue de perezoso y usted lo ha confinado en distintas formas sin lograr resultados, esa situación requiere ayuda profesional.

Es imposible cubrir todas las situaciones relacionadas con la escuela que requieran su intervención. Sin embargo, he aquí algunas de las más frecuentes.

El bravucón

- Sin ser violento, odio tener que decirle que llegará un momento en el cual su hijo tendrá que defenderse de un peleonero utilizando la fuerza física. Esto asusta a un niño, por eso contrólese hasta que él se haya liberado de este obstáculo.

- Si alguna vez ha observado a un bravucón, se habrá dado cuenta de que una forma efectiva de combatirlo es dejarlo jugar solo y apartarlo físicamente del grupo durante diez o quince minutos.
- El comportamiento del peleonero tiende a disminuir cuando los niños participan en actividades positivas que comparten.
- Mi experiencia me indica que es mejor evitar juegos competitivos de línea dura cuando hay bravucones de por medio. Por eso, tal vez convenga retirar temporalmente a su hijo del beisbol o futbol si el entrenador no puede o no quiere controlar a un bravucón.
- Los padres de un bravucón deben darse cuenta de que este tipo de comportamiento indica problemas más profundos. Haga un examen honesto del ambiente de su hogar, vuelva a leer el capítulo sobre actividad familiar positiva, revise sus modales así como los de su hijo. También busque las causas menos frecuentes. He presenciado casos en los cuales un "bravucón" tenía diabetes juvenil, algún problema de aprendizaje o era maltratado de algún modo. Descubra lo que hay detrás de la conducta agresiva.

Internados

- Personalmente no apruebo que los niños asistan a internados a nivel primaria. A esta temprana edad, necesitan el trato diario de la unidad familiar.
- Hay circunstancias especiales que pueden indicar la conveniencia de enviar a un niño a un internado a

nivel secundaria. Esto debe hacerse considerando que es lo mejor para el hijo, no por la conveniencia de los padres.
- Personalmente no me gusta ver a un muchacho asistir cuatro años a un internado a nivel secundaria, a menos que él mismo lo desee y tenga amplias oportunidades de mezclarse con el sexo opuesto.
- Creo que un hijo debe gozar de una educación completa, incluyendo orientación vocacional, antes de ingresar a un internado.

Educación especial

- Si su hijo tiene algún problema de aprendizaje o alguna condición que requiera educación "especial", debe darle toda la ayuda posible, pero no sienta lástima por él. Esta clase de niños ya tienen bastantes problemas por su peculiaridad y no necesitan la carga adicional de tener que sobreponerse a la compasión.
- Asegúrese de que su hijo reciba la atención especial de maestros calificados y bien informados en esa clase de deficiencia.

Atención médica

- Las alergias y otra clase de problemas físicos con frecuencia se confunden con problemas del comportamiento. Antes de buscar ayuda psicológica, elimine la posibilidad de problemas fisiológicos haciendo que un médico examine a su hijo.

Horarios

La vida será más fácil para usted si enseña a los niños a tener conciencia y respeto por el tiempo. También los preparará para las exigencias del mundo. Si sus hijos tienen problemas con retrasos u olvido no dé largas explicaciones de por qué el tiempo es importante. Recuerde que las citas y compromisos son producto de la organización de los adultos y que los niños nunca comprenderán por qué tenemos tales limitaciones. A propósito, a veces yo tampoco lo comprendo, pero el hecho es que todos tenemos que vivir de ese modo.

Puede utilizar el tiempo para ayudar a sus hijos a desarrollar autocontrol. Una forma es enseñarlos a levantarse solos por la mañana.

- Entre los 9 o 10 años de edad, si es posible antes, espere que sus hijos se despierten solos por la mañana. Proporcióneles un reloj despertador seguro.
- Resista la tentación de regañarlos constantemente y deje que la alarma del reloj sea la que los moleste.

Además de levantarse solos, espere a que los niños se acuesten solos también.

- Los niños deben ser capaces de acostarse solos a los 4 o 5 años de edad.
- Deje la luz encendida una media hora aproximadamente después de que se haya acostado el niño.

En época de clases, los niños deben prepararse solos en forma adecuada y estar listos para salir a tiempo. Si el niño es lento o pierde el autobús, considere estas sugerencias.

- Haga que el niño se vaya a dormir una hora más temprano. Esto es aplicable a cualquier edad.
- Si el problema se vuelve crónico, puede castigarlo (ver capítulo sobre castigos). También puede llevarlo a la escuela, pero sin dar una explicación escrita por llegar tarde, para que así sufra la sanción proporcionada por la escuela, por ejemplo, dejarlo salir más tarde.

El horario de llegada a la casa probablemente es la regla más importante en su hogar. Los niños deben ser responsables de ir y venir de acuerdo a ciertas reglas, sin importar su edad.

- Una vez establecido un horario de llegada no debe cambiarse a menos que el asunto haya sido tratado

- con anticipación o cuando surjan circunstancias que requieran una modificación.
- Si su hijo lo llama desde la casa de un amigo o de una fiesta solicitando una extensión del permiso, usted puede concederla siempre y cuando él lo pida con cortesía y esté actuando bien en sus principales áreas de responsabilidad.

Establecer un horario puede ser complicado. Aquí están algunos ejemplos apropiados para llegar temprano a la casa.

- *Niños entre 5 y 10 años de edad.* Deben estar en la casa en las primeras horas de la tarde y usted siempre debe saber donde se encuentran.
- *Entre 11 y 14 años de edad.* Deben llegar a la casa al atardecer y antes de que enciendan las luces de la calle. Se pueden hacer cambios tomando en cuenta las estaciones del año durante las cuales el sol se oculta más temprano o más tarde.
- *Entre 15 y 18 años de edad.* A los 15 años la hora de llegada puede ser las 10:30 de la noche; a los 16, a las 11; a los 17, a las 11:30 y a los 18 a media noche. Estos horarios se aplican durante los fines de semana solamente si el muchacho tiene que trabajar al día siguiente o en época de clases.
- *19 años de edad o mayores, que asisten a la universidad.* Su horario puede extenderse a la 1 de la madrugada o más tarde en alguna ocasión especial.
- El horario de llegada durante los días de la semana en época de clases debe ser conservador.

- Tome en cuenta que es conveniente que los muchachos duerman ocho horas diarias.
- Si después de acostarse tarde sus hijos son capaces de levantarse a tiempo y hacer todos sus deberes, no los moleste.
- Si sus hijos muestran alguna señal de irresponsabilidad debido a falta de sueño, establezca una hora forzosa para acostarse durante una semana y después déles otra oportunidad.

La hora de comer debe ser un momento grato en el que la familia se reúne.

- Si un niño continúa interrumpiendo después de una advertencia, retírele la comida y mándelo a su recámara. Asegúrese de que no coma nada hasta la siguiente comida. Después explíquele que no puede tolerar mal comportamiento durante las comidas y que lo recuerde la siguiente vez que se encuentre a la mesa.
- Si el niño llega tarde a alguna comida, usted tiene dos opciones. Si el problema es crónico, retírele los alimentos en cuanto el resto de la familia termine de comer, aun cuando él no haya terminado. Si esta situación no se presenta a menudo, permita que el niño termine de comer, pero él tendrá que recoger la mesa.

Huida de casa

Cuando un hijo se va de la casa, significa que algo anda mal. Posiblemente el niño estuvo muy consentido durante muchos años y cuando usted decidió implantar disciplina, él sintió que fue exageradamente severo. Otro problema puede ser el maltrato al niño o ciertas dificultades matrimoniales que el niño ha sufrido. Muchos hijos huyen de la casa debido a un impulso de ira, temor o venganza. Otros lo hacen pensando falsamente que están listos para enfrentarse al mundo de los adultos.

Cualquiera que sea la causa, es necesario encontrar al hijo que se fue y resolver el problema. Mientras más edad tenga el hijo, será más difícil. Como podrá observar en mis CONSEJOS, le sugiero que primero actúe y después hable.

En primer lugar, controle sus emociones si desea tomar la mejor decisión para su hijo.

- Si lo considera necesario, explote y enfurézcase durante unos minutos para liberar sus emociones. Después, hágalas a un lado y resuelva el problema.
- Busque a una persona en quien confíe y que no vaya a divulgarlo. Esta fuente de ayuda puede ser un amigo o pariente. El confidente puede ayudarlo con los demás pasos.
- Segundo, localice a su hijo y vea que esté seguro.
  Si la huida es el resultado de la autoafirmación de un hijo menor, cuando lo localice es posible que sólo tenga que seguirlo mientras él camina por la calle. Puede decirle: "Sólo quiero asegurarme de que estás bien. Te dejaré solo cuando te hayas instalado." Esta técnica permite que usted supervise al niño mientras le da la oportunidad de cambiar de opinión.
- En cuanto descubra la huida, llame a los mejores amigos de su hijo y pídales, en forma cortés pero firme, que lo ayuden a encontrarlo. Es mejor no amenazarlos. Probablemente saben todo lo de la huida y la mejor forma de conseguir su cooperación es explicarles su preocupación como padre.
- Después de recibir toda la información posible, llame a la policía para que lo ayude.
- Busque a su hijo personalmente. Tal vez no lo encuentre, pero la actividad lo ayudará a sentirse mejor. Pídale al amigo que lo ayuda que esté pendiente del teléfono y manténgase en contacto con él.

Tercero, al localizar a su hijo, sus primeras palabras pueden ser decisivas para sus futuras relaciones. Después de expresarle su preocupación puede decirle:

- "Creo que estás tratando de decirme que algo está mal. Te escucho. Dame la oportunidad de contestarte."
- "Estoy dispuesto a descubrir lo que estoy haciendo mal en nuestra familia si tú haces lo mismo. Que sea tu padre no significa que siempre tenga razón."
- "Tenemos problemas que resolver como familia y no podemos hacerlo si tú no estás aquí."

Finalmente, decídase a descubrir lo que ocasionó que el niño huyera del hogar y corrija cualquier problema.

- Haga saber al niño desde el principio que toda la familia está dispuesta a consultar a un consejero. No vaya a decirle que es él quien crea los problemas.

Madre (padre) sola (o)

La parte más dura de ser un padre (o madre) solo es tener que educar a los hijos sin apoyo moral. De repente se presentan incertidumbres como: ¿Estoy haciendo lo mejor para mis hijos? ¿Estarán bien? ¿No tener un padre (o una madre) les causará daño permanente?

Si quedan sin contestar, estas preguntas socavan rápidamente la confianza de un padre solo. Tenga valor. Como padre solo tal vez su mundo no sea el mejor, pero es realmente preferible a verse atrapado en un matrimonio infeliz.

Un padre solo necesita apoyo. Estos son algunos CONSEJOS para conseguirlo.

- Dedique por lo menos treinta minutos diarios a relajarse. Acabando de llegar a casa del trabajo, pida a sus hijos que le concedan unos minutos para calmarse. Tome una ducha, salga a correr, dése un baño de tina o haga cualquier cosa que le ayude a

tranquilizarse. Estará en mejor condición de atender a sus hijos si primero se atiende usted mismo.
- Instrumente un sistema confiable de niñeras. Para mayor información vea el capítulo sobre niñeras y guarderías.
- Considere la posibilidad de unirse a un grupo de apoyo.
- Hable con regularidad con algún amigo sobre sus esfuerzos para educar a sus hijos.
- Lea por lo menos dos libros al año sobre educación de los hijos.

Las siguientes guías se aplican a todas las familias, pero en especial a los padres solos.

- Anote sus reglas y fíjelas en algún lugar.
- Diga "basta" para interrumpir el desorden. Esto no evita el mal comportamiento futuro, pero le da tiempo para pensar qué hacer.
- Dé a los niños más oportunidad de desarrollar independencia en actividades como acostarse y levantarse, quehaceres y prepararse sus propios refrigerios.
- Haga un esfuerzo especial para no regañar o sermonear.
- Conserve un diario del comportamiento positivo y negativo de sus hijos para tener una fuente de referencia objetiva en caso de que le preocupe el bienestar de sus hijos. Puede revisar para darse cuenta si se ha desarrollado algún patrón de conducta.

- No tema buscar un consejero profesional, lo que es más necesario que si fuera casado.

Salir con alguien es un asunto complicado para un padre solo. Tenga en mente estas sugerencias y después diviértase.

- Haga saber a sus hijos que usted necesita amigos especiales al igual que ellos.
- Presente a sus hijos a su amigo(a) especial después de que haya llegado a ser "especial" para usted.
- Una vez que sus hijos saluden a su amigo(a), ellos deben retirarse.
- Mantenga la actividad sexual lejos de los ojos y oídos de sus hijos.
- Si su amigo(a), duerme con usted, haga que se vaya antes de que despierten los niños.
- En cuanto crea que tiene una relación duradera, puede permitir que su amigo(a), tome parte en más actividades familiares. En el futuro, esto puede incluir el desayuno.

No se sorprenda si sus hijos utilizan su situación de padre solo para tratar de manipularlo. Las siguientes son algunas quejas y mi sugerencia para una buena respuesta.

"No estaría en problemas si tuviera un padre(madre)".
- "Tienes una madre (padre) y los problemas los cau-

sas tú y eso puedes evitarlo".
"No te enojarías conmigo si tuvieras un esposo (esposa)".
- "Me enojo porque me molestan algunas cosas, no por no tener esposo(esposa)".
"Si mi papá(mamá) estuviera aquí, tendría las cosas que quiero".
- "Tal vez tendrías más atención, pero no tendrías más cosas".

Mal comportamiento en público

Los niños que se portan mal en público no sólo están violando sus reglas sino también dan origen a ciertas situaciones embarazosas. Con demasiada frecuencia, los padres se sienten intimidados por el mal comportamiento en público de sus hijos. Como resultado, no se disciplina en forma correcta a los niños, quienes aprenden que portarse mal en público es una forma excelente de chantajear a sus padres. Creo que usted ama lo bastante a sus hijos para transmitirles este mensaje: "Los voy a disciplinar como siempre lo hago sin importar quien esté observando." Después de todo, sus hijos merecen lo mejor.

Por algún motivo, los supermercados parecen ser el lugar predilecto para portarse mal en público. Usted puede tratar de prevenir esto.

- Haga que los niños revisen la alacena y el refrigerador para ayudarlo a preparar su lista de compras.
- Haga que alguno de sus hijos busque los artículos de mejor precio de su lista de compras.
- Haga que otro hijo busque los artículos difíciles de encontrar.
- Permita al niño que empuje el carrito por los pasilos sin atropellar a nadie.

Si no tiene tiempo, energía o paciencia para hacer lo anterior intente estas alternativas.

- Deje a los niños con una niñera o en casa de la abuela.
- Déjelos con una amiga y corresponda el favor haciendo las compras de ella. La siguiente semana usted puede quedarse con los niños y ella hacer las compras de usted.

Si nada de esto es posible y tiene que llevarse a los niños y éstos se portan mal, las siguientes son algunas estrategias.

- Su primera acción puede ser dejar al niño con su berrinche sin nadie que lo observe.
- Una madre me platicó el mecanismo que ella utilizaba. Cuando su activo hijo de 6 años de edad no dejaba de correr por toda la tienda, ella inventó unos tirantes especiales para sujetarlo con una correa bastante larga. Justo antes de entrar a la tienda, ella

los sacaba del compartimento de guantes y le decía a su hijo: "Si no te comportas cuando te lo pida, te pondré esto para detenerte como si fueras un caballo salvaje." El niño inmediatamente la puso a prueba, pero cuando ella comenzó a colocarle los tirantes le dijo: "No, mamá, me portaré bien." Ella nunca tuvo que usarlos de nuevo.
- Recuerde al niño que recibirá doble castigo al llegar a casa, si no se porta bien de inmediato.

Sin importar la estrategia que usted emplee, evite estas acciones que sólo empeorarán las cosas.

- Nunca debe golpear a un niño en la cara. Conozco a otras madres que le dan un par de nalgadas.
  Ver el capítulo sobre nalgadas.
- Nunca se deje vencer por un niño y le compre cosas para que se esté quieto. Dar un regalo, es algo decisivo. Estos deben ser un *incentivo* y no un *soborno*, por lo que debe dar el regalo *después* de que el niño se ha portado bien durante unos minutos. Usted quiere recompensar la responsabilidad, no el mal comportamiento.
- Si trata de explicar las virtudes del buen comportamiento a un niño que grita, está perdiendo tiempo y paciencia.

Los restaurantes son otro lugar donde los niños tratan de volver locos a sus padres. Para prevenirlo, haga un pequeño esfuerzo antes de que empiecen los gritos.

- Lleve en el automóvil, una botella, de plástico de catsup, de mostaza o un salero con bolitas de colores. Posteriormente, en el restaurant, coloque estos "juguetes" sobre la mesa cuando el niño se disponga a jugar con los objetos reales.
- También puede llevar crayolas y papel.
- Se puede evitar dolores de cabeza si no viste al niño con su mejor ropa, a menos que haya demostrado tener buenos hábitos para comer.

Si sus esfuerzos no funcionan y se enfrenta a un niño que grita o molesta, no deje que eso continúe.

- En forma abrupta deje al niño en la mesa, camine hacia la puerta y deténgase diciendo: "Si no te callas, nosotros nos vamos."
- Si este intento no funciona, deje al niño en el automóvil si tiene edad suficiente y el clima lo permite, o simplemente sálgase del restaurant.
- También puede utilizar la técnica de duplicar el castigo al llegar a la casa.
- Sin importar lo que haya decidido, *no* grite, dé un sermón o trate de detener un berrinche público haciendo usted mismo un "berrinche".

Si su hijo se porta mal cuando visita a sus amigos o familiares, no permita que se salga con la suya.

- Siga el mismo procedimiento utilizado en la casa. De preferencia haga que el niño se pare en un rin-

MAL COMPORTAMIENTO EN PUBLICO / 125

cón o se sienta en una silla.
- Cuando el niño es pequeño y se porta mal en público por primera vez, puede llevarlo a otra habitación y decirle: "Si continúas portándote mal, haré que te pares en el rincón como si estuviéramos en la casa. Si no quieres que eso suceda, cállate."

Si sus amigos o familiares critican las medidas que usted adopta, déles una lección de paternidad responsable.

- "El hecho de que venga a su casa (o ustedes vengan a mi casa) no significa que deje de ser padre."
- Si la desaprobación continúa, tal vez deba reevaluar su amistad o reducir el contacto con esos familiares.

Mentiras y engaños

Nada enfurece más a los padres que un hijo mentiroso o hipócrita. Lo consideran un insulto a su amor por sus hijos. Muy pocos padres manejan bien esta situación y la mayoría, en lugar de actuar en forma constructiva, tienen como primer impulso el vengarse.

No obstante, si lo piensa un minuto, ¿por qué no habrían los niños de utilizar en ocasiones el recurso de una mentira o un engaño? Todos lo hemos hecho, por lo menos una vez en la vida. Una mentira o un engaño no vuelven malvado a un niño. Siempre y cuando no se conviertan en un problema crónico, usted debe guardar la calma y enseñar a su hijo que la honestidad y la verdad son la clave de una buena reputación, por lo menos dentro de la familia.

Le aconsejo tomar alguna medida respecto de las mentiras y los engaños. Aunque por lo general no se trate de un problema serio, con el tiempo puede llevar al deterioro de la confianza en uno mismo y del respeto por la autoridad, si los niños tienen la idea de que nada es sagrado.

Cuando un niño miente o engaña, no se exalte: el mundo no se va a acabar.

- Resista la tentación de preguntar al niño por qué lo hace. Lo más probable es que le conteste que no sabe, lo cual aumentará la frustración.
- Hágale saber al niño, en forma serena, que usted se dio cuenta del engaño y lo desaprueba.
- Aunque no le guste, es probable que sus hijos hayan mentido y engañado algunas veces y usted no se haya dado cuenta.

Muchos padres, sin darse cuenta, estimulan la mentira o el engaño diciendo o haciendo cosas que contienen una falsedad. Los niños concluyen que si usted miente, ellos también pueden hacer lo mismo.

- Tenga cuidado con las medidas disciplinarias que suenan lógicas y justas pero que en realidad contienen una mentira. Por ejemplo, había una chica que siempre olvidaba sacar la basura. Para corregirla, un psicólogo recomendó a los padres que un día que tuvieran que recogerla no se presentaran y cuando ella preguntara el motivo, le contestaran que lo habían olvidado. Esto es realmente una mentira porque no lo olvidaron: simplemente querían darle una lección.
- Si usted le pregunta a su hijo si tiró la basura después de ver que no lo ha hecho, está simulando que

no ve la realidad. Entonces el niño puede forjar su propia versión de la realidad.

Muchas mentiras son prefabricaciones obvias destinadas a sorprender a los padres. Si oye una mentira ridícula o extravagante ("luché contra un gorila"), utilice "consecuencias" naturales para transmitir su mensaje.

- "Dices que viste un perro patinando. Apaga el televisor y termina tu tarea para que puedas escribir una historia de un hecho tan extraordinario".
- "Tienes sólo ocho años ¿y dices que les ganaste a dos grandulones de secundaria? Te daremos trabajos adicionales para que puedas utilizar tu energía.

Puede limitar la libertad y hablar sobre la confianza para enseñar a un hijo que está mal mentir y engañar.

- Cuando un niño menor de 10 años mienta o engañe, prohíbale jugar con amigos durante una hora o dos, e indíquele que su mentira o engaño hizo que usted no confiara en él durante un tiempo.
- Un muchacho más grande debe sufrir una mayor restricción de la libertad para que comprenda el mensaje de la confianza.
- Si un niño completa la mitad de la restricción sin quejarse, usted puede levantarle el castigo.
- Si un niño miente o engaña dos veces en un corto lapso, digamos una semana, puede reducirle el tiem-

po de televisión, el uso del teléfono y las visitas de amigos a su casa.
- Una vez terminado el castigo, *no recuerde al niño la mentira o engaño.*

Algunas veces no está seguro si su hijo mintió o engañó. No tiene que sorprenderlo en una mentira o engaño para poder enseñarle la importancia de la honestidad.

- No intimide a sus hijos para que confiesen.
- No estimule la culpabilidad diciendo cosas como: "Me destroza el corazón saber que mientes."
- Sea honesto frente a una posible mentira. Simplemente diga al niño:
  "Creo que estás mintiendo, pero no estoy seguro. Te voy a observar durante los próximos días y si te sorprendo en una mentira o engaño, duplicaré el castigo."
- Si recibe una confesión espontánea de mal comportamiento, sugiero que supervise al niño como indiqué antes y le diga: "Recibiste un castigo por tu mentira, pero lo estoy reduciendo a la mitad porque me dijiste la verdad. Más vale tarde que nunca."

Si las mentiras y engaños ocurren con regularidad, es necesario hacer un examen más profundo.

- La mentira y el engaño crónicos pueden reflejar muchos problemas. Estos son algunos:

1. El niño puede sentir demasiada presión por parte de usted y miente para *no* decepcionarlo.
2. Un niño que no ha podido sobreponerse al fracaso, utiliza la mentira y el engaño, lo que puede funcionar temporalmente pero al cabo disminuye la confianza en sí mismo.
3. Puede estarle dando demasiada atención a su hijo por mentir y engañar, lo que estimula el juego verbal de "policías y ladrones".
4. Mentir y engañar pueden ser síntoma de otros problemas. Por ejemplo, se sabe que los niños que llegan a ser molestados sexualmente por su padrastro, tío o algún otro pariente o amigo cercano pueden empezar a mentir o engañar como forma de controlar su temor.

- La mentira y el engaño se reflejan en su autoridad, lo que puede significar que su hijo ha perdido respeto por usted.
- La mentira o el engaño crónico son motivo suficiente para buscar ayuda profesional. Mediante una guía objetiva, se pueden examinar las causas ocultas.

Modales

Como resultado de la actitud permisiva que han adoptado los padres, han descuidado los modales de sus hijos. Todos queremos que nuestros hijos se comporten con buenas maneras, pero no dedicamos el tiempo y energía suficientes para enseñárselas. Como consecuencia, nuestros hijos muestran muy poco o ningún respeto básico por los derechos de los demás.

Mis ideas a este respecto son muy anticuadas; yo sugiero que empiece desde ahora a enseñar a sus hijos buenos modales. Sólo hay una forma de hacerlo, con PRACTICA, PRACTICA, PRACTICA.

Las siguientes recomendaciones son unas guías generales para que sus hijos desarrollen buenos modales.

- Esta es un área en la cual sólo tendrá éxito si usted mismo da un buen ejemplo.
- El lenguaje grosero debe considerarse parte de los malos modales.

- No es necesario dar largas explicaciones sobre el motivo de los buenos modales. Basta con decir:
- "Los buenos modales son una forma de respeto hacia los demás, y tú, como mi hijo, debes mostrar respeto a las demás personas.

Existen ciertas frases de cortesía que los niños deben aprender a usar con regularidad. Entre ellas podemos citar las siguientes:

Por favor

- Los niños deben decir "por favor" cuando pidan algo a cualquier persona, ya sea al maestro o al empleado de una tienda, cuando ordenen en un restaurant o cuando soliciten un favor.

Gracias

- Hasta los niños más pequeños deberían decir "gracias" muchas veces en el día. Algunas situaciones en que deben decir "gracias" son, por ejemplo, cuando se les sirve la comida, cuando reciben ayuda o se les concede un favor.
- También se deben dar las gracias por medio de una tarjeta o nota después de que el niño reciba un regalo. Dedique tiempo para ayudar a su hijo a formular una nota de agradecimiento adecuada.

De nada o no hay por qué

- Esta frase se debe contestar cuando alguien dice "gracias".

Con permiso

- Como rutina, los niños deben decir "con permiso" cuando se atraviesan entre dos personas o interrumpen una conversación.

Los siguientes son otros ejemplos de buenos modales que deben formar parte del comportamiento diario de un niño.

- Saludar y despedirse de los amigos.
- Estrechar la mano cuando sea apropiado.
- Levantarse para saludar cuando se acerquen las personas.
- Llamar a los adultos por sus títulos adecuados: señor, doctor, señora, etc.
- Demostrar urbanidad en la mesa, uso adecuado de los cubiertos, comer sin hacer ruido.

Mostrar respeto es un comportamiento difícil de definir. He aquí algunos ejemplos.

- Enseñar a los niños a tener respeto a las personas minusválidas, lo que incluye no mirarlas fijamente.

- Abrir la puerta a las personas mayores.
- Explique a sus hijos que ser diferente no significa ser malo y enséñelos a respetar a los pobres, a los desvalidos y a quienes tengan otra raza o religión.

El lenguaje "grosero" se considera de mala educación. Enseñe a sus hijos que ciertas palabras pueden ser ofensivas para la mayoría de las personas y por tanto muestran falta de respeto.

- Ninguna palabra es intrínsecamente mala. Pero los niños deben ver la realidad de que ciertas palabras pueden acarrearles problemas.
- No se preocupe de dónde aprendieron sus hijos ciertas palabras. Las palabras se encuentran en todas partes y los niños las escucharán siempre.
- La mejor manera de enseñar el control de las "malas" palabras es que usted no las utilice.
- Si escucha una "mala" palabra en la privacía de su hogar, simplemente recuerde al niño que tenga cuidado y no la use.
- El lenguaje grosero es uno de los casos en que la realidad no siempre es lógica. La mayoría de las personas se ofenden por ciertas palabras, lo que no resulta lógico, pero sigue siendo verdadero. Los niños deben aprender a censurar dichas palabras, y cuando sean adultos decidirán si continúan censurando o no.

Cuando los niños demuestren malos modales, conserve su voz serena y actúe en forma consistente.

- Detenga toda actividad hasta que el niño se comporte con modales adecuados.
- Haga que el niño repita el comportamiento adecuado hasta que lo lleve a cabo de la manera correcta.
- Corrija al niño frente a los demás sin dudarlo.
- Si el niño se resiste a su solicitud de buen comportamiento, tome una medida severa. Por ejemplo, pídale que se retire de la mesa, niéguese a darle lo que quiere hasta que lo pida con educación.

Muerte

Cuando los niños se enfrentan a la muerte, ya sea la propia o la de un ser querido, necesitan paciencia y comprensión considerables. Lo más probable es que no comprendan lo que está pasando, que tengan preguntas que no puedan contestarse y pensamientos que no tengan mucho sentido. Sin embargo, su falta de madurez es un mal que con el tiempo será para bien. Mientras evita que comprendan la muerte, les permite manejar el asunto (tal vez mejor que los adultos).

Con objeto de poder brindar una mano firme a los niños durante una crisis relacionada con la muerte, aconsejo a los padres que busquen apoyo y guía en un confidente. Los padres no sólo deben encontrar la fuerza interior necesaria para ayudar al niño, sino también un escape para su propio dolor y pena.

Mientras el niño pasa por la experiencia de la muerte, confíe en su amor y compasión.

- Es muy importante escuchar al niño. Anímelo a hablar sobre la muerte como él quiera.
- No dé interpretaciones rápidas ni opiniones. Muchos adultos dan conferencias sobre el Cielo y la Voluntad de Dios para terminar las discusiones. Cuando brinde su interpretación, sea honesto y breve.
- Utilice preguntas como ¿qué piensas? ¿cómo puedo ayudar? y ¿qué sientes? para estimular la expresión propia del niño. Hágale saber que es correcta cualquier expresión, incluyendo el enojo.
- Resista la tentación de abrumar al niño con su propia pena. Puede decirle que se siente usted mal también, pero no se empeñe en una catarsis interminable.
- Trate de que la vida continúe lo más normalmente posible. Esto incluye mantener una disciplina consistente. Si suspende las normas, da al niño la idea de que la muerte de algún modo nos excluye de la vida al resto de nosotros.

Nalgadas

Para mucha gente, imponer disciplina equivale a dar nalgadas. Sin embargo, las nalgadas son sólo una técnica disciplinaria y no el remedio total que muchos padres creen. Hace mucho tiempo pudieron haber sido adecuadas, pero no en la actualidad. Dada la naturaleza "mental" de la civilización moderna, parece más sensato trabajar directamente con la mente del niño que actuar con agresiones físicas como medio para atraer su atención.

Básicamente no me gusta dar nalgadas. La investigación moderna sobre recompensas y castigos nos ha proporcionado métodos más sutiles para dar a los niños lecciones inteligentes sin llegar al castigo físico. El hecho de golpear a un niño me parece salvaje.

Las nalgadas pueden ser el menor de los males. Tenga en mente estas ideas.

- Las nalgadas son la mejor medida disciplinaria cuando un niño está en peligro. Correr a la calle o jugar

con un perro bravo, por ejemplo, pueden requerir dos o tres nalgadas.
- Las nalgadas deben darse de inmediato. En lugar de advertir a un niño que recibirá nalgadas más tarde, le sugiero que utilice la negación de privilegios o restricción de libertad.
- Si da nalgadas con demasiada frecuencia, el niño se acostumbrará al castigo y éste perderá su efectividad.
- Sin importar el motivo de las nalgadas, cuando el niño regrese a la actividad adecuada, déle unas palmadas o cariños para compensarlo.
- Una ligera nalgada puede utilizarse más como una técnica para llamar la atención que como un castigo.
- Cuando el niño llegue a los cinco años de edad, busque otros métodos disciplinarios. Por ejemplo, mandar al niño al rincón. Ver el capítulo sobre castigos.

Niñeras y guarderías

Cuando ambos padres trabajan, las niñeras y guarderías de confianza valen su peso en oro. Estos padres sustitutos tienen gran influencia en los hijos. No debe sentirse culpable por requerir esta ayuda, sólo asegúrese de que proporcionen amor, guía y un ambiente positivo para sus hijos.

No trataré de convencerlo de utilizar niñeras o guarderías. Esa es una decisión que usted debe tomar. Sólo le pido considerar mis CONSEJOS para niñeras y aplicar éstos y otros más a las guarderías, según la alternativa que usted decida.

La niñera debe ser una extensión de usted.

- La niñera debe compartir los mismos valores fundamentales que usted sobre la vida y la necesidad de disciplina responsable y racional.
- La niñera debe tener una reputación de ser excelente en el cuidado físico y emocional de los niños.

Hable con sus amistades o pida referencias a una niñera eficaz.
- Si la niñera tiene algún problema con su hijo, pero usted piensa que ella desempeña bien su trabajo, ayúdela a solucionar ese problema. El niño debe aprender a adaptarse a nuevas figuras de autoridad.
- Durante su entrevista inicial con una niñera, observe y escuche bien para así poder descubrir su sentido del humor. Ser joven de corazón es un ingrediente clave en una niñera con éxito. Las que saben jugar con los niños tendrán más éxito al tratar los problemas.

Si selecciona una guardería, observe las sugerencias anteriores más las siguientes.

- Asegúrese de que la guardería tenga los permisos adecuados del gobierno, lo que indica que proporciona un cuidado adecuado.
- Debe esperar una actividad más estructurada. Es decir, que sus hijos se enriquezcan con experiencias tales como leer, escribir y dibujar.
- Debe aceptar que sus hijos tengan contacto con toda clase de niños, ya que deberán aprender a llevarse bien con toda la gente.
- Mientras mayor sea su hijo, resulta más conveniente colocarlo en una guardería o jardín de niños que ofrezca cierta preparación elemental para la enseñanza formal.

Orden y limpieza

Los niños necesitan que usted establezca y haga cumplir estándares sensatos de limpieza personal y orden diario. El niño conservará estos hábitos toda su vida y además usted se verá liberado de tener que recordarle constantemente que se lave las manos y los dientes, que recoja sus juguetes y objetos personales, etc. Un poco de esfuerzo al principio le ahorrará tiempo y energía más adelante.

Cada padre tiene una definición distinta de limpieza. Sin embargo, pienso que usted estará de acuerdo con estas ideas.

- Los niños activos deben bañarse todos los días.
- Los niños deben cepillarse los dientes por la mañana y por la noche.
- Deben lavarse las manos y la cara antes de comer.
- Deben peinarse y cepillarse el cabello antes de salir de la casa.

Para determinar lo que está limpio y lo que no lo está, usted se basa en sus propios estándares.

- Evite los extremos. Su hogar debe ser un sitio que se vea habitado.
- Demuestre sus estándares de limpieza a sus hijos pequeños, haciendo que le ayuden con las tareas domésticas. Dedique tiempo extra y déjelos practicar en dejar algo limpio.

Dejar huellas de lodo puede volverse un hecho constante en un niño activo. Puede manejar esto de la siguiente manera.

- Haga que el niño limpie toda la estancia a rodilla. Si el problema se vuelve crónico, haga que se encargue del trabajo de limpieza durante su tiempo libre.

Crear desorden en la sala de televisión es otro problema molesto. Actúe antes de que pierda el control.

- Apague el aparato de televisión en cuanto vea el desorden. En lugar de recordarles el motivo, quédese parado mirándolos y ellos entenderán el porqué.
- Si descubre el desorden después de que ellos terminaron de ver la televisión, llámelos, hágalos que limpien y déles un trabajo adicional.
- Si no encuentra a los niños o no tiene la paciencia

para tratar con ellos, limpie usted mismo el desorden y después asígneles un trabajo para compensar el que usted hizo por ellos.

Cuando encuentre juguetes, juegos, o equipo deportivo regado por toda la casa, déles una lección que usted sólo tendrá que hacer una vez.

- Coloque todo en una bolsa grande. Ponga la bolsa en el fondo de su closet. Cuando el niño quiera sus cosas, dígale donde se encuentran e infórmele que no podrá disponer de ellas durante una semana. Si es indispensable que el niño utilice alguno de los artículos confiscados, asígnele algún trabajo para compensar su desorden.

Padrastros

Hacer el papel de padre con los hijos de otra persona es como probar comida nueva. No hay forma de saber si va a gustar o no hasta que se prueba. Aun cuando pase mucho tiempo tratando de conocer a los niños, el papel de padrastro no empieza hasta que se convive con ellos todos los días.

Se trata de un ajuste que concierne a todos. Si usted está considerando convertirse en padrastro, asegúrese de que su nuevo matrimonio sea fuerte, su dedicación duradera y su comunicación con su nuevo cónyuge clara y precisa.

Estas son algunas pautas para comenzar con el pie derecho.

- No trate de reemplazar al padre natural. Sea usted mismo y dé tiempo a los niños para que lo conozcan cómo es en realidad. Si trata de parecer alguien

que no es, dará a los niños motivo para rechazarlo.
- No trate de ganar el amor de sus hijastros mimándolos.
- Permita que su cónyuge y sus hijos pasen tiempo solos, en especial al principio de la relación. En esta forma, no impone su presencia a los niños y les da tiempo para que aprendan a quererlo.
- Advierta a su nuevo cónyuge (la madre o el padre verdadero de los niños) que no pida la aprobación de ellos en su relación con usted.
- No critique al padre natural de los niños, por lo menos no delante de ellos. Esto ocasiona que defiendan a su propio padre y los obliga a escoger entre dos personas que quieren.
- Si tiene hijos propios, no espere querer a sus hijastros del mismo modo que a sus hijos.

Como padrastro, probablemente lo compararán con el padre natural de los niños, de un modo u otro. Estas sugerencias le ayudarán a tolerar y comprender estas comparaciones.

- La comparación es un difícil desafío a su propia confianza. Cuando la enfrente, sonría y dése cuenta de que probablemente saldrá de la comparación sin hacer nada mal.
- Puede ser que los niños que lo comparan con su padre natural en realidad estén *inclinados* hacia usted y se sienten incómodos al estimarlo porque piensan que no deben quererlo tanto como a su padre natural. Tratan de reafirmar la superioridad de su padre

natural y de eliminar su propia culpa diciéndose a sí mismos que su padre hace algo mejor que usted.

Si vence la amenaza potencial de las comparaciones, su objetividad puede ser una ventaja al educar a sus hijastros. Usted trata de no tener los puntos débiles que afligen tanto a un padre natural.

- Puede identificar problemas de comportamiento con mucha rapidez. Una intervención oportuna evita que la frustración aumente y el problema empeore.
- Su acción disciplinaria es por lo general más eficiente porque toma la medida necesaria sin discusión. Mientras más pronto la termine, mejor.
- Probablemente sus acciones resulten menos amenazadoras para la autoestima del niño. El puede ver que usted simplemente está manejando un problema. Del mismo modo, el niño puede sentirse con más libertad para compartir información complicada o confusa.

Estas son algunas respuestas que le ayudarán a manejar los momentos difíciles de ser padrastro.

"Admito que no soy tu padre(madre). Pero en este momento soy tu padre y debes hacer lo que te digo".
- "Puedes llamarme papá(mamá) o Juan (Lucy), co-

mo quieras".
- "En realidad no quiero molestarte, pero si no obedeces nuestras reglas, debo hacer algo para conseguir tu atención".
- "Tu madre (padre) y yo necesitamos estar solos cierto tiempo. Quiero que respetes eso".

Padres de tiempo parcial

Es difícil ser padre cuando, debido a un divorcio o separación, sólo puede verse a los hijos ocasionalmente, y resulta casi imposible establecer una rutina consistente. La disciplina y el orden ocupan un segundo lugar con tal de poder disfrutar a los hijos cada minuto. Usted no quiere ser duro con sus hijos, por lo que es fácil caer en la trampa de convertirse en la persona que proporciona diversión cada semana.

No es de sorprender que los padres de tiempo parcial tiendan a ignorar el desorden que normalmente se corrige con disciplina. Usted no debe renunciar a su autoridad sólo porque está muy contento de ver a sus hijos. Si actúa como un padre responsable, aunque sea durante el corto tiempo que pasa con sus hijos, ellos aprenderán a respetar su autoridad.

La situación de padres de tiempo parcial produce tensión tanto en los padres como en los hijos, pero ambos tienen que aprender a vivir así. Las siguientes ideas le ayudarán a equilibrar la emoción de estar con sus hijos con la necesidad de mantener una disciplina.

Estas son algunas sugerencias que le harán mas fácil esta situación tanto a usted como a sus hijos.

- Coloque los reglamentos para cada hijo en un lugar visible.
- Recuerde las reglas a sus hijos con mayor frecuencia que si vivieran con usted todo el tiempo.
- Si constantemente está divirtiendo a sus hijos, les está dando una idea poco realista de lo que es la vida en su casa. Eso también crea un desequilibrio en su vida cuando regresan con el otro padre. Por eso no lo haga.
- Dedique más tiempo que dinero a sus hijos.
- Sea honesto con sus hijos sobre cómo se siente siendo un padre de tiempo parcial.
- Redoble sus esfuerzos para tomar medidas disciplinarias que permitan evitar constantes regaños, discusiones y otros procedimientos inefectivos que sólo consumen tiempo.
- Evite cualquier frase que haga sentir culpables a los niños por vivir con el otro padre.

Si vive cerca de sus hijos, estas son algunas sugerencias que usted puede aplicar para mantenerse en contacto con ellos.

- Conozca a los maestros de sus hijos. Visite la escuela durante la semana.
- Manténgase al tanto de sus actividades diarias, calificaciones, proyectos, amigos, mala conducta y salidas especiales.
- Ofrezca llevar a los amigos de ellos con usted en alguna salida.
- Asista a funciones especiales con la mayor frecuencia posible. Por ejemplo, conciertos, recitales, eventos deportivos, etc.

Si vive lejos de sus hijos, es muy difícil mantenerse en contacto con su vida diaria; sin embargo, trate de hacer lo siguiente:

- Escriba un diario de los hechos importantes de su vida diaria y envíelo a sus hijos cada dos semanas. Anime a sus hijos para que hagan lo mismo.
- Si es posible, llame a sus hijos por teléfono una vez a la semana.
- Haga todo lo posible por asistir a una función especial por lo menos dos veces al año.
- Trate de pasar un largo periodo con sus hijos durante las vacaciones de verano.
- Dígales con regularidad que los ama.

Se pueden suscitar conflictos entre los hijos de fin de semana y los que viven con usted. Utilice estas sugerencias para minimizar el problema.

- Durante los días de la semana realice alguna actividad como familia, aunque sea una salida para ver tiendas.
- Recuerde con regularidad a los niños que están relacionados, si no por la sangre, por el amor.
- Vea el capítulo sobre rivalidad entre hermanos.
  Utilice el cambio de papeles para que ellos se pongan en el lugar de sus medios hermanos.
- Establezca todas las situaciones posibles de juego que requieran cooperación.
- Use los demás CONSEJOS contenidos en el capítulo sobre rivalidad entre hermanos para resolver estos conflictos.

Padres que trabajan

Cada día un mayor número de familias están aprendiendo a manejar la situación que se presenta cuando el padre y la madre trabajan fuera de casa. Esta situación de la vida moderna no es necesariamente perjudicial. En realidad, puede proporcionar la oportunidad para que la familia se vuelva más efectiva.

Confío en que usted trabaje con objeto de convertirse en un padre o madre de los que pueda sentirse orgulloso su hijo o con el fin de brindarle seguridad económica. No hay nada malo en ello. Antes bien, creo que usted debe esperar que sus hijos le ayuden a alcanzar las metas que se ha fijado para su familia.

Apoyo la idea de dar a los niños más calidad que cantidad de tiempo. No se trata de una idea nueva. Nuestros abuelos, quienes trabajaban durante largas horas, reconocían la importancia de la calidad del tiempo. Y ahora nosotros redescubrimos la sabiduría convencional que nos ha servido tan bien. Todos podemos trabajar arduamente y sin embargo dar atención a nuestros hijos.

Sólo se requieren algunos CONSEJOS modernos.

Conserve su tiempo y energía en todas las formas posibles.

- Tenga un congelador lo bastante grande para almacenar comida preparada para cinco días. Esto le ahorra tiempo. Prepare sus comidas los domingos. Su hijos mayores pueden ayudar.
- Invierta en un horno de microondas y reduzca el tiempo de preparación de su comida.
- Compre ropa sencilla que no requiera mucho mantenimiento.
- Si no tiene mascota en la casa, *no* compre una.
- Establezca y use un centro de mensajes. Deje recados sobre su horario y actividades especiales a los niños. Procure que los jóvenes dejen un mensaje de dónde se encuentran y el número de teléfono donde se les puede localizar.
- Cuando haya niños de menos de 8 o 9 años de edad, por lo menos un vecino debe estar pendiente de ellos.

Utilice distintos métodos para que los niños se involucren en el cuidado y preservación de la familia.

- Haga saber a los niños que si ellos participan en muchas actividades adicionales, usted *no* podrá desempeñar todas las funciones en que participan los padres. Haga todo lo posible para asistir a las acti-

vidades asociadas por lo menos con uno de los intereses de sus hijos.
- Informe a los niños sobre la condición general de su presupuesto. Sin agobiarlos demasiado, indíqueles adonde va el dinero. Esto se aplica a niños de más de 10 años de edad.
- Procure que los niños se acostumbren a usar el transporte público, la bicicleta y a caminar. Deben responsabilizarse en su traslado a distintos lugares.
- Mientras más edad tenga el hijo, debe participar en más labores domésticas. Un niño de 6 años puede poner la mesa y recogerla; uno de 9, sacar la comida del congelador; uno de 12, hacerse cargo de los platos, y uno de 15, ser capaz de preparar toda una comida por lo menos una vez a la semana.
- Cualquier niño de más de 12 años debe ser capaz de lavar su propia ropa.
- Si un hijo está a cargo de supervisar a un hermano menor, diga al mayor que le reporte cualquier problema en lugar de actuar como padre de su hermano. Deberá tomar su lugar al llegar a casa para evitar que el hermano mayor sea visto como padre.

El manejo de los problemas también debe reflejar conservación de tiempo y energía.

- Deje en claro que sólo se le debe llamar a su trabajo en caso de emergencia.
- Organice una "patrulla de trabajo" para limpiar su casa como un torbellino el sábado por la mañana.
- Si tiene que imponer disciplina, organice métodos

que solucionen el problema esa misma noche. Por ejemplo, no confine a un niño durante una semana; en lugar de eso, hágalo que se acueste una hora o dos más temprano; suspenda la televisión *y* las llamadas telefónicas durante *una* noche, en lugar de suspender una de las dos cosas durante dos noches. Cuando el padre y la madre trabajan, el mejor castigo es el que *termina pronto*.

Presión de los compañeros

La presión para ser igual a los demás forma parte de la vida diaria. Los comerciales nos dicen que la clave para ser aceptados reside en comprar lo que está de moda. La mayor parte de la gente lo acepta por temor a sentirse excluida. La desconfianza en los demás se está volviendo un instinto necesario para sobrevivir.

Los adultos cuentan con los recursos para enfrentarse a estas presiones; pero nuestros hijos no tienen la fuerza, la comprensión y la experiencia requeridas para contrarrestar la absurda búsqueda de la uniformidad.

Para combatir la presión de los compañeros, se requiere que ayudemos a nuestros hijos a desarrollar recursos mentales. El fomento a la individualidad es vital. Esto sucede cuando usted empuja suavemente a sus hijos para que desarrollen talentos y aficiones individuales y al mismo tiempo establece un buen ejemplo de comportamiento moral, asegurándose de que sus hijos sigan las reglas dictadas por usted y en especial cuando rehusa aceptar las exigencias de un hijo simplemente porque "todo el mundo lo hace".

No puede luchar contra la estampida de la uniformidad a menos que sea un adulto con un comportamiento digno de respeto. ¿Es su conducta responsable? También pregúntese:

- ¿Practico lo que predico? Usted puede no darse cuenta siempre, pero sus hijos lo observan. ¿Qué es lo que ven?
- ¿Me mantengo informado? Nunca antes había habido tanto material disponible para ayudar a los padres a conocer el mundo al que tendrán que enfrentarse sus hijos. ¿Está actualizada su información?
- ¿Tengo palabra de honor? Si ha desarrollado la reputación de cumplir lo que promete y prometer lo que cumple, ha dado un paso gigante para hacerse respetar.
- ¿Escucho realmente a mis hijos? Escuchar los éxitos y fracasos de los hijos es mucho más difícil de lo que usted cree. Requiere que usted aclare su mente y se concentre en lo que le están diciendo.
- ¿Juego con mis hijos? No tiene que gastar mucho dinero para poder jugar con sus hijos. En cada adulto hay un niño. ¿Es usted un viejo gruñón?
- ¿Necesito drogas para ser feliz? El alcohol es una droga peligrosa y muchos padres piensan que pueden decir a sus hijos que no fumen marihuana mien-

tras están tomando su tercer martini. ¿Se controla en su consumo de bebida?

Esto puede sorprenderlo, pero por lo general sus hijos reciben de sus padres las nociones elementales sobre el conocimiento de la presión social. Usted puede reducir el efecto de ésta sobre sus hijos si lo reduce en su propia vida.

- Verifique si dice cualquiera de estas frases:
  "Tenemos que invitar a los Brown porque son amigos de los Johnson y no podemos ofenderlos."
  O "a mí tampoco me caen bien, pero no olvides que pertenecen al club."
  "No uses ese vestido. Imagina lo que dirá la gente."
- Cuando establezca estándares para sus hijos, no se refiera a lo que vaya a pensar la demás gente, sino a lo que usted cree.
- Evite presionar a su hijo con comparaciones que parecen inofensivas, como por ejemplo:
  "No actúes en forma tonta, todos se reirán de ti."
- Critique abiertamente la presión de los medios masivos hacia la uniformidad.
- Nunca acepte lo que sus hijos quieran cuando lo presionen con la frase "todo el mundo lo hace":
  "No me importa lo que hace todo el mundo, sino apegarme a lo que yo creo", debe contestar.

No permita que una institución creada por el hombre utilice como presión a un Dios bondadoso para que sus hijos se comporten.

- Si decide que sus hijos tengan valores espirituales, estimúlelos para que cuestionen e incorporen las creencias a su vida personal.
- Tenga cuidado con la presión que puede resultar de amenazar a los niños con la condenación y otras tácticas de temor. Eso sólo puede fomentar la rebelión en el futuro.
- Esté dispuesto a discutir la moral de las historias de las clases de religión y añada sus creencias personales.
- Si quiere que sus hijos lean la Biblia, asegúrese de que tengan suficiente libertad para decidir sobre asuntos de fe.

Con frecuencia, la competencia se convierte en algo tan aterrador para los niños, que en lugar de intentar y fracasar, simplemente no intentan nada. Defínales la competencia de una manera saludable.

- Reduzca la presión de verse bien ante los ojos de los demás explicando de esta manera la competencia: "Nunca compitas contra otra persona, sin importar lo que estés haciendo. Compite contra lo que hiciste ayer y por lo que quieras lograr mañana de acuerdo con tus valores. Mejórate a ti mismo y

no seas lo que alguien más quiera que seas".
- Cuando sus hijos le digan que los está presionando para ser como usted, explíqueles que ellos tienen muchas oportunidades para desarrollar su individualidad. Recuérdeles que debe proporcionarles guías para que puedan alcanzar lo que quieren ser. Cuando oiga esta queja debe revisar sus reglamentos y ver si dejó sitio para excepciones. Si es necesario, cambie algunas reglas y negocie otras.

Nada funciona mejor contra la presión de los compañeros que el desarrollo del talento individual.

- Como regla general, trate de que sus hijos se dediquen por lo menos a una actividad adicional que exija esfuerzo individual. Sus hijos pueden llevar a cabo actividades de grupo después de haber demostrado que son capaces de una actividad individual.
- Ejemplos de este tipo de actividad son el ajedrez, la natación, tenis, danza, gimnasia, atletismo y cualquier afición que acentúe el logro individual.
- Si un hijo quiere dejar su actividad individual, primero debe comenzar una nueva.

Es difícil manejar "las malas compañías" de su hijo. Siga este procedimiento para controlar la situación.

- Identifique la característica que más le desagrada del compañero de su hijo.

- Hable con su hijo sobre la característica que le desagrada.
- Si su hijo lo defiende, usted sabe que debe haber algún motivo. Para encontrar ese motivo, piense en alguna debilidad que sea lo *opuesto* de la característica del compañero. Por ejemplo, falta de confianza es lo opuesto a jactarse todo el tiempo; sentirse un bebé es lo contrario a actuar como persona de más edad.
- Puede concluir que su hijo está tratando de compensar una debilidad al sentirse atraído por ese compañero. Su hijo puede pensar que tal vez logre adquirir la jactancia del compañero para aumentar la confianza en sí mismo.
- Si esta teoría de la compensación le suena admisible, puede ayudar a su hijo a manejar "la mala compañía" centrando sus esfuerzos para mejorar sus propias debilidades. Puede dar a su hijo más responsabilidad y recompensas como una forma de aumentar la confianza en sí mismo. Tal vez decida que si le da más libertad, su hijo tendrá una sensación de madurez. Si utiliza este procedimiento, en realidad está usando el problema de la "mala compañía" para ayudar a su hijo a mejorar.

Privacía

La privacía es un asunto con dos aspectos. Por un lado, los muchachos deben tener privacía. Les da la oportunidad de desarrollar su vida personal. Por el otro, deben aprender a protegerla para que puedan continuar disfrutándola. Muchos padres no están seguros de cómo mantener este delicado equilibrio.

Por lo general, los niños dan por sentada la privacía. Cuántas veces han oído los padres: "No tenías derecho a entrar en mi cuarto."

- Por lo menos una vez me gustaría oír que un niño dijera: "Gracias, papá (o mamá) por darme un cuarto en el que pueda disfrutar mi privacía."

Usted tiene la responsabilidad de enseñar a un niño a proteger su propia privacía.

- Los niños deben entender la regla general de la privacía. Por ejemplo, tienen derecho a la privacía siempre y cuando no abusen de ella.
- Los niños más pequeños protegen su privacía manteniendo limpio su cuarto, bajando el volumen de la música la primera vez que se les pide y no peleando con los hermanos mientras disfrutan de su privacía.
- Enseñe a sus hijos a llamar a la puerta cuando esté cerrada. Si usted hace esto antes de entrar a su cuarto, ellos harán lo mismo con el de usted.
- Si usted limpia el cuarto de sus hijos (espero que no lo haga muy seguido) no registre sus cosas.
- Si usted decide violar la privacía de un hijo y husmear entre sus cosas, le sugiero que lo convierta en parte de un programa de "revisión".

La revisión es una técnica muy poderosa, para llevarla a cabo puede seguir estas sugerencias.

- Utilice la revisión sólo cuando su hijo no muestre respeto a sus normas una vez que haya intentado otras formas de disciplinarlo.
- Advierta a su hijo de sus intenciones por lo menos unos días antes. Puede decirle: "Si no te portas bien (especifique su problema de conducta), me veré forzado a violar tu privacía."
- Cuando lleve a cabo la "revisión", hágalo de la forma siguiente: revise el cuarto de su hijo al azar, revise a su hijo cuando llegue a la casa, escuche las llamadas telefónicas, lea las cartas que le llegan, lla-

me a sus amigos y pídales que le sigan la pista, siga
a su hijo cuando salga.
- Suspenda la revisión en cuanto el hijo demuestre
que ya no se comporta tan mal. En cualquier caso,
*no lleve a cabo esta "revisión" durante más de dos
semanas.*

Quejas

Cuando se establecen límites en el espacio de crecimiento de los niños, éstos se sienten infelices, quieren cada vez más y se quejan.

En la mayoría de los hogares, las quejas empiezan y terminan con una mezcla molesta de palabras inútiles que entorpecen la acción y agudizan los sentimientos negativos. Los padres eluden la acción cuando responden con ira, culpabilidad o alguna otra emoción inútil. Como resultado, las quejas empeoran la situación.

Los hijos no ayudan en nada. Gran parte de sus mensajes contienen significados ocultos, verdades a medias y exageraciones. Cuando esto se aúna a la incertidumbre de los padres, las quejas rápidamente llevan a un callejón sin salida.

Las quejas no tienen que resultar tan desastrosas. Pueden servir para un propósito constructivo. Pueden aclarar la situación, indicar compromiso emocional o dar la oportunidad de discutir problemas para después emprender una acción constructiva. Si se conducen bien, pueden constituir el primer paso para implementar una política en la que su palabra como padre signifique algo.

Para que las quejas de sus hijos resulten productivas, intente estas estrategias.

Cuando un niño tiene problemas en la escuela, puede decir: "Si no fuera por el maestro, sacaría buenas calificaciones".

- Usted puede responder: "¿Quieres decir que no has sido lo bastante listo para caerle bien al maestro? para caerle bien al maestro?
- Haga que el niño señale técnicas positivas de relaciones públicas que pueda utilizar con el maestro.
- Mantenga centrada la atención del muchacho en su capacidad para hacerse cargo de la situación.
- En general, haga que el niño vea que su mal comportamiento y su falta de estudio crean una reacción negativa en los demás.

Todos los padres que han tomado una decisión impopular, han escuchado de sus hijos la queja de que son injustos.

- Una respuesta puede ser: "A veces tengo que tomar decisiones que no te gustan, y es natural que creas que soy injusto."
- Continúe la conversación discutiendo cómo la vida no es justa y que el niño debe aprender a tolerar ciertas frustraciones.

La presión de los compañeros aparece en toda su magnitud poco antes de la adolescencia cuando usted escuchará decir que "todo el mundo lo hace".

- Hay un mensaje importante en esta respuesta: "A ti no se te trata como a todo el mundo. Deberías saberlo. Si yo no fuera tu padre te trataría como a cualquier miembro de una manada".
- Siga este comentario explicando la importancia de la moralidad individual. Podrá encontrar más ideas en mis CONSEJOS contenidos en el capítulo sobre presión de los compañeros.

Los niños pueden chantajear a sus padres sin darse cuenta. Tenga cuidado cuando le digan:
"Si me quisieras, me darías lo que quiero."

- Una confrontación suave, pero firme, funciona bien en esta situación. Diga al niño que está haciendo su mejor esfuerzo para ayudarlo a crecer en un mundo difícil, que él debería ayudar en algo.
- Esta queja es tan infundada, que no necesita más discusión.

Esta es una queja que saca de balance a muchos padres:
"Simplemente no me comprendes."

- Si usted se siente tentado a decir que lo comprende más de lo que él cree, eso sólo llevará a más discu-

siones. En lugar de eso, conteste:
"Tienes razón. No te comprendo. Explícame qué te pasa."

- Con un poco de esfuerzo puede ayudar a su hijo a comprender que el entendimiento sólo es completo cuando hay cooperación mutua.

Es fácil verse atrapado por la queja:
"¿Por qué no me tratas como un adulto?"

- De nuevo resista la tentación de contestar: "Sí, lo hago, hijo".
- En lugar de eso dé a su hijo una lección importante, diciéndole que él todavía no es un adulto y mencione las cosas que hace la gente mayor.

Si puede dominar la ira que le producirá la siguiente queja, aprenderá una lección útil.
"Sé lo que vas a decir. Por eso evítame el sermón."

- Después de que pase su ira conteste que tiene derecho de asegurarse de que él sabe lo que usted piensa.
- Antes de alterarse demasiado, considere si en realidad necesita sermonear tanto. Tal vez su hijo tenga razón. Tal vez lo que va a decir sea una repetición. Si su hijo es maduro, sabe lo que está bien y lo que está mal y no hay necesidad de repetir el mismo

sermón. Y si lo hace, su hijo puede dejar de escucharlo.

Una queja derivada de la sociedad materialista es:
"Nunca obtengo lo que quiero."

- Esta queja puede magnificarse en unos segundos. Evite toda discusión con esta respuesta: "Es verdad que muchas veces no obtienes lo que quieres. Por ejemplo, en esta ocasión no lo vas a tener."
- Sea firme sin menospreciar al niño, lo que ayudará a reducir la presión de sus compañeros que pueda estar operando en él.

Reclamaciones

La mayoría de los padres se encolerizan cuando sus hijos les reclaman.

"No puedes hacerme eso."

"Sacar la basura es tonto."

"¿Por qué no pueden esperar mis quehaceres?"

Esas son algunas de las cosas que los padres creen que los niños nunca deben decir.

Me parece poco realista esperar que sus hijos nunca repliquen. Estoy de acuerdo en que las contestaciones deben controlarse, pero no creo que usted pueda enseñar control si se altera tanto que lo pierde.

Estas ideas lo ayudarán a mantener una posición racional en esta situación irritante.

- Haga una distinción entre la réplica y la falta de respeto. La réplica ocurre cuando los niños se quejan por un trabajo u orden. Por ejemplo dicen:

    "A mí no me toca hacer eso."

"Al rato lo hago."
- La falta de respeto sucede cuando los niños le dicen algo desagradable en lugar de algo que les pidió hacer. Las siguientes frases son falta de respeto:

"Tú me enfermas."

"Te crees la gran cosa."
- Si se encuentra en la primera situación lo mejor que puede hacer es asegurarse de que se realice el trabajo. Si usted no responde a la réplica, el niño se dará por vencido y simplemente hará lo que usted le pidió.
- Si se trata de una falta de respeto, debe hacer algo más. Por ejemplo, tendrá que implementar un castigo como no dejar ver la televisión, algún trabajo adicional o el confinamiento. También debe examinar si está siendo demasiado duro con sus hijos y estimulando así la rebelión.
- He descubierto que muchos niños replican cuando suponen que no se seguirán las órdenes dadas. Una vez que los niños sepan que usted habla en serio, ya no lo molestarán con reclamaciones simplemente porque eso no les evitará el trabajo. En lugar de perder el tiempo replicando, harán lo que usted les pidió.
- Si sus hijos constantemente replican, tal vez será bueno aumentar la actividad familiar positiva (vea el capítulo sobre el tema). Sus hijos pueden estarle diciendo que el hogar se ha vuelto un sitio negativo.

Rivalidad entre hermanos

Cuando los niños pelean entre sí por los juguetes, por el uso del baño o porque quién le dijo qué a quién, con frecuencia los padres desearían haber tenido sólo un hijo. El ruido y sus pleitos forman parte de la rivalidad entre hermanos lo cual obliga a los padres a actuar.

Mi opinión es que corresponde a los hijos, y no a los padres, evitar la rivalidad entre hermanos. Sin embargo, los padres deben proporcionar a sus hijos la motivación y las herramientas que les permitirán solucionar sus problemas y aprender a convivir.

Cuando intervenga en un pleito de hermanos, hágalo en forma rápida y no juegue al detective. Actúe con energía si es necesario.

- Cuando el pleito sea menor, simplemente diga "basta".
- Resista la tentación de ponerse en medio y descubrir

quién empezó y a quién hay que culpar. No funcionará.
- Cuando los niños tienen menos de 10 años de edad y el "basta" no funcione, haga que ambos se paren en el rincón durante diez minutos. Para más detalles, vea el capítulo sobre castigos.
- Algunas investigaciones indican que una forma excelente de manejar a dos niños que pelean es sentarlos en lados opuestos de la *misma habitación* y hacer que cada uno juegue solo. Debe supervisar este juego solitario durante diez o quince minutos, dos o tres veces al día. Los adolescentes que pelean deben participar en un juego amistoso en la mesa de la cocina durante treinta minutos.
- Si los niños discuten por una posesión, quíteselas y dígales: "Se la regresaré cuando aprendan a jugar juntos".
- Esté dispuesto a mediar en un pleito con dos niños *razonables*. Señale cómo cada uno puede ceder para llevarse mejor.
- RECUERDE que lo que más despierta la rivalidad es que usted tome algún bando, que preste más atención a un hijo en particular. El niño que "perdió" su apoyo buscará alguna forma de "ganárselo" de nuevo.

Los niños con frecuencia escogen el peor momento para pelear, por ejemplo, cuando usted está en el automóvil.

- Dé a los niños una lección sobre la importancia de que los hermanos sean amigos, diciendo: "Si uste-

- des no se comportan de modo amistoso, no verán a sus otros amigos durante dos días".
- Si no quiere tomar esta medida o no funciona, estaciónese a un lado del camino y diga: "O dejan de pelear o ambos se salen del automóvil".
- Si lo ponen a prueba con esta advertencia y usted no se encuentra en una autopista, pídales que bajen el automóvil, cierre la portezuela y quédese sentado durante diez segundos. Después, abra la portezuela y diga: "Suban y esténse quietos".
- Si esto tampoco funciona, es probable que los problemas vayan más allá de una simple rivalidad. Necesitará ayuda para resolverlos.

Se pueden utilizar estrategias positivas para prevenir la rivalidad, antes de que ésta se arraigue sólidamente en la familia.

- Responsabilice a cada niño para que sugiera o para que organice una actividad familiar positiva (ver capítulo relacionado).
- Estimule a los niños más pequeños para que participen en los juegos de manera cooperativa, lo que reduce la inclinación a pelear.

Robo

Robar no hace "malo" a un niño. Simplemente significa que por un momento éste se apartó del camino de la moralidad e hizo algo malo. Necesita ayuda, no condenación.

En este caso, mis CONSEJOS son similares a los que proporcioné en el capítulo sobre mentiras. Tenga presente que mientras más pequeño sea el niño, la disciplina debe ser menos severa.

Cuando sospeche de robo, debe seguir estos siete pasos.

- Reúna pruebas que usted crea necesarias.
- Confronte al niño con ellas.
- Permita que se aclare la situación por medio del desahogo.
- Ayude al niño a enfrentarse a la víctima.
- Imponga un castigo de acuerdo con el delito.
- Instituya algún tipo de restitución.

- Dé oportunidad al niño para recuperar su reputación.

Cada paso requiere ciertas acciones.

Reunir pruebas

- Si castiga sin las pruebas adecuadas, corre el riesgo de una rebelión innecesaria.
- Para proceder necesitará un testigo de mucha confianza.
- Prefiero que los padres obtengan una confesión del niño antes de proceder.
- Aun cuando le falten pruebas adecuadas, puede proceder al paso dos.

Confrontar al niño

- Siéntese en privado con el niño y presente sus pruebas.
- Permita una respuesta racional, pero interrumpa las excusas tontas. Usted quiere la versión del niño y no acusaciones sin objetivo.
- En esta etapa, concéntrese en saber si el acto se cometió realmente, no en las circunstancias que lo rodean.
- *No* intimide al niño ni lo avergüence.

Permitir el desahogo

- Sean confiables o no las pruebas, el niño tendrá una reacción emocional ante la confrontación. Aun cuando las acusaciones y las excusas no lleven a ninguna parte, es importante que el niño exprese una respuesta emocional. Esta puede ser temor, ira, resentimiento o una combinación de estos o de otros sentimientos.
- Acepte un grado moderado de disgusto o decepción, experimentado por usted o su hijo.
- Si las emociones empiezan a dominar a la razón, dé tiempo a que los ánimos se calmen.
- Los siguientes tres pasos ocupan mucho tiempo, por lo que sólo debe tomarlos si está seguro de las pruebas.
- Si no está seguro de la culpabilidad del niño, recuérdele que robar dará como resultado un castigo, si usted encuentra pruebas suficientes de que él lo hizo.

Enfrentamiento con la víctima

- Si es posible, el niño debe enfrentarse a la víctima y presentarle una disculpa formal.
- Usted debe acompañar al niño para asegurarse de que se le amoneste en forma adecuada, sin que el afectado lo moleste. Para un niño pequeño (digamos de 5 años de edad) que roba un dulce quizá será suficiente enfrentarse al dependiente de la tienda. Después de eso, olvide el incidente.

Imponer un castigo

- Los niños deben recibir algún castigo (por lo menos tenerlo presente).
- Cuando imponga el castigo, considere las circunstancias que rodean el robo, es decir, la edad del niño, nivel de responsabilidad, otros robos, mentira o engaño y si le hizo una confesión o no.
- Recomiendo algún tipo de restricción de la libertad o negación de privilegios. Esto debe prolongarse unos días en el caso de un niño de 10 años y una semana en el de un adolescente.

Determinar la restitución

- En los procedimientos disciplinarios se debe incluir alguna clase de restitución en niños mayores (de 10 años en adelante). Esta restitución se lleva a cabo además del castigo.
- Ejemplos de restitución son: trabajar para la víctima, que el niño le pague con su dinero, etc.

Recuperar la reputación

- No es una mala idea para los niños de *cualquier* edad el darse cuenta de que la confianza que usted había depositado en ellos ha disminuido desde que robaron. Puede darles a entender esto prohibiendo las libertades normales durante un día o dos.

Ropa

Es importante enseñar a los niños a cuidar su ropa como parte del desarrollo de su responsabilidad. Los niños que por fuera se ven limpios y pulcros, se sienten limpios y pulcros por dentro. Durante muchos años de trato con los niños, he aprendido esta lección: si un niño se mira en el espejo y ve un animalito, no se sorprenda de que actúe como tal.

Conviene que considere las siguientes reglas generales.

- Haga cumplir un reglamento sobre la ropa que permita que los niños se vistan como niños, no como adultos.
- En cuanto los niños empiecen a asistir a la escuela, hágalos aceptar el presupuesto para ropa con el que tienen que vivir.
- Todos los muchachos aprenderán como manejar la lavadora, plancha, aguja e hilo. Estas son herramientas de supervivencia que algún día tendrán que uti-

lizar.
- Todos los niños deben tener cierta responsabilidad de acuerdo con su edad, y asegurarse de que su ropa esté limpia y guardada con orden.

Cuando un niño deje su ropa tirada en cualquier parte de la casa, hay varias cosas que usted puede hacer.

- Recójala, póngala en una bolsa y déjela en su closet.
- Cuando el niño quiera desesperadamente su ropa, haga que él la lave antes de usarla.
- También puede echar toda la ropa en el closet del niño y olvidarse de ella.
- No permita que el niño coma o vea televisión hasta que haya recogido su ropa y la haya colocado en el lugar adecuado.
- Puede usted recoger la ropa por él y multarlo con una cantidad equivalente al grado de su desorden.
- Si el problema es crónico, haga que el niño arregle el desorden y asígnele un trabajo de una o dos horas como castigo.

Cuando los niños quieran gastar su propio dinero en ropa, fíjese en ciertas cosas.

- Si duda de la capacidad del niño, supervise la compra para asegurarse de la calidad y precio justo.
- La supervisión en la compra de la ropa de un adolescente le proporciona una oportunidad excelente

para descubrir lo que está de moda, así como para darse cuenta de si existe presión de los compañeros sobre su hijo. Esto último le permitirá ayudar a su hijo en otras formas.
- Sugiero que se excluya la ropa extravagante del guardarropa. Creo que los niños en edad escolar, sin importar su nivel socioeconómico, no deben comprar ropa de marca famosa extremadamente cara.
- Sin embargo, si su hijo adolescente gana su propio dinero y es responsable, usted puede permitirle una compra extravagante, siempre y cuando él utilice su propio dinero para pagar la diferencia entre lo que usted habría pagado por una marca menos costosa y el precio de la prenda extravagante.
- Utilice sus normas racionales para imponer un código de decencia y propiedad en la forma de vestir de sus hijos.

Si sus hijos violan su código, no se haga el desentendido.

- No permita que un muchacho salga de casa si está vestido en forma inadecuada.
- Niéguese a lavar la ropa que viola sus estándares. También puede ser más duro y retirarles esa ropa sin lugar a discusiones.

Sexo

Por lo general, el tema del sexo es algo que pone nerviosos a los padres. No pretendo que mis recomendaciones tranquilicen su nerviosismo ni resuelvan problemas potenciales. El sexo es un asunto privado y no creo que un padre pueda "resolver" las preocupaciones sexuales de su hijo. Sin embargo, usted puede seguir algunas pautas racionales para transmitir normas morales a sus hijos y al mismo tiempo protegerlos de cualquier prejuicio que usted aún experimente.

Muchos niños, así como adultos, piensan falsamente que la sexualidad comienza cuando se toca a otra persona. No es así.

- La sexualidad comienza cuando las personas hablan, no cuando se tocan. Es muy importante que los niños y niñas aprendan a sentirse relajados cuando hablan con los del otro sexo.
- Estimule a sus hijos que van a entrar a la adolescen-

cia a participar en juegos de cooperación.
- Desaliente los estereotipos en cualquier sexo. Por ejemplo, falsedades como: los muchachos no lloran, las muchachas no deben interesarse en los deportes, etc.

No permita que sus hijas sobreactúen su papel sexual.

- Limite el maquillaje, la ropa provocativa y otras actitudes que den a entender que la chica está dispuesta a ser tocada.
- Si su hija madura físicamente, está dando esa impresión a muchachos desconocidos; no se sobresalte. Explíquele que está enviando a los muchachos un mensaje del que ella no se da cuenta.

Los programas de educación sexual no siempre son tan confiables como deberían. La información consistente es esencial para un ajuste sexual satisfactorio.

- No se deje engañar por la actitud de un hijo que parece saberlo todo. El puede tener muchas ideas erróneas sobre el sexo.
- Una buena cantidad de muchachos no aprovechan las clases de educación sexual porque no quieren parecer tontos al hacer preguntas o mostrar interés en el tema. Y así, al simular que están informados, con frecuencia dejan de recibir la información.
- Le conviene comprar libros sobre educación sexual

que lo ayuden a contestar preguntas que puedan hacerle sus hijos.

Usted debe comentar con sus hijos la forma en que se representa el sexo en el cine y en la televisión.

- Si hay algún espectáculo relacionado con la sexualidad y usted no sabe lo que se va a presentar, procure que su hijo no lo vea, a menos que esté dispuesto a platicarle lo que vio y lo que piensa sobre eso.
- La sexualidad en las películas y la televisión le brinda una oportunidad excelente para discutir ese tema con sus hijos. Al comentar los aspectos poco realistas, les puede dar a sus hijos sus puntos de vista. Mantenga los ojos abiertos ante las ideas engañosas, tales como: "las mujeres son sexy sólo cuando desempeñan el papel de tontas"; "los senos grandes significan automática realización sexual"; "los hombres deben ser duros y machos para resultar atractivos"; "si un hombre no conquista a una mujer, algo anda mal en él", etc.

Aun cuando se ha escrito mucho sobre la aceptabilidad de la masturbación, a muchos padres les inquieta en grado sumo este tema.

- La masturbación es bastante natural. La siguiente estadística lo confirma: 98 por ciento de los muchachos admiten que se masturban, el otro 2 por

ciento mienten. Además, la masturbación en las muchachas es perfectamente aceptable.
- La masturbación es una manera perfecta para que las personas exploren sus fantasías sexuales.
- Las emisiones nocturnas o "sueños húmedos" son también muy naturales. Los muchachos que despiertan con semen en sus sábanas y las muchachas con una vagina húmeda deben saber que los "sueños húmedos" son un hecho natural.
- La pornografía puede ser parte de la masturbación de un muchacho. No se altere si su hijo tiene material que muestra desnudez provocativa o actividad heterosexual. Sólo indíquele que lo mantenga en un lugar privado.
- Si accidentalmente encuentra a su hijo masturbándose, discúlpese y déjelo solo. Más tarde, indíquele con serenidad que debe proteger su privacía cerrando la puerta con llave, etc.

Confiar en sus hijos en relación con asuntos sexuales es muy difícil. Las siguientes son algunas guías que facilitarán las cosas para todos.

- Sea honesto en relación con su falta de confianza.
- Eso puede estimular una discusión útil durante la cual usted podrá saber qué tan maduro es su hijo, quien se dará cuenta de lo que a usted le preocupa.
- Cuando los hijos demuestran responsabilidad en áreas clave, como labores domésticas, estudios, control de temperamento, modales, horario, control financiero, usted puede estar confiado en que desarro-

llarán responsabilidad en asuntos sexuales.
- Quizá lo más importante a considerar en la confianza en sus hijos relacionada con asuntos sexuales es *qué tanto confían en usted*. ¿Es usted la figura responsable a quien ellos acuden cuando están confundidos sobre la vida? ¿Ha demostrado cumplir con lo que dice? ¿Sigue usted sus valores, demostrando que son muy consistentes? Si su respuesta es afirmativa, lo más probable es que sus hijos acudan a usted cuando necesiten ayuda.

Cuando los padres no confían en sus hijos en asuntos sexuales, se presentan ciertos problemas que parecen legítimos, pero que en realidad son falta de confianza disfrazada. Si alguna de estas frases le suena familiar, utilice mis sugerencias para manifestar lo que piensa.

- "¿Tienes que ponerte esa ropa? No me parece adecuada".
  Mejor diga:
  "¿Te das cuenta de que te ves muy sexy? No estoy seguro de que estés preparada para manejar la reacción de los muchachos".
- O en lugar de decir:
  "Has llegado muy tarde últimamente. Quiero que estés en casa a las 9 de la noche".
  Lo que usted necesita decir es:
  "Estoy muy preocupado porque estás saliendo con un muchacho al que no conozco. Por favor hazlo pasar un momento".
- O bien, en vez de decir:

"No me gusta que salgas con ese muchacho mucho mayor que tú".
Una reacción más honesta sería:
"Me preocupa que esa persona mayor que tú pueda utilizarte sin preocuparse por ti. Te haría mucho daño".

Muchos padres, tarde o temprano, sorprenden a un hijo o hija en el calor de la pasión. ¿Qué hacer?

- Controle sus emociones y no diga nada de lo que pueda arrepentirse después.
- Pida a su hijo que recupere la compostura y váyase de allí.
- Antes de que pase mucho tiempo, digamos al día siguiente, hable con su hijo en privado sobre el control de su pasión.
- No platique a sus amigos o a los otros muchachos sobre el incidente: no es asunto de los demás.

Si usted descubre que su hijo es sexualmente activo, actúe con calma.

- No le hará ningún bien atacar al muchacho. La estrategia en este punto es que usted se asegure de que el muchacho reconoce la gravedad de su decisión.
- Asegúrese de que el muchacho sabe que la confianza, el compartir, la buena comunicación, la facili-

dad de la expresión propia, la bondad mutua y la honestidad son más importantes en la sexualidad que el hecho de quién toca a quien, dónde y cómo.
- Asegúrese de que tanto su hijo/a como su compañera/o estén informados sobre los anticonceptivos. Sugiérales visitar un centro de planeación familiar.
- Haga saber a su hijo que aun cuando no piensa interferir en sus prácticas sexuales, espera que él manifieste más madurez y responsabilidad en los asuntos diarios. Por eso, para que pueda salir con regularidad, debe continuar sacando buenas calificaciones, ayudando a las labores de la casa y haciendo otras cosas que reflejen madurez y autocontrol.
- He hablado con muchos padres, quienes después de haberse recuperado de la impresión, han invitado a su hijo y a su amiga a una discusión seria y privada. *Sin sarcasmo* y con honestidad, estos padres expresaron sus sentimientos y agregaron que desaprobaban esa situación, pero que no intentarían impedir que los chicos se siguieran viendo.

Yo estoy de acuerdo con este procedimiento, ya que la seriedad de la discusión y la honestidad de los padres sirven más para advertir a los muchachos de los peligros, que todas las conferencias del mundo.

Los muchachos deben éstar enterados de las enfermedades que se transmiten sexualmente.

- Las enfermedades venéreas están aumentando con rapidez debido a muchas cosas. Entre los factores que contribuyen a su propagación se encuentra la falta de comunicación de los muchachos sobre sus experiencias sexuales, la idea de que estas enfermedades son malas, la renuencia de los muchachos sexualmente activos para someterse a exámenes médicos y el uso creciente de la píldora, la que reduce la utilización de los condones y la espuma.

- Los muchachos deben saber que las enfermedades sexuales se pueden contagiar de una persona a otra por medio de besos, caricias atrevidas, sexo oral, así como por medio del coito.
- Si a los/as muchachos/as les preocupa la posibilidad de contraer una enfermedad sexual, deben acudir junto con su compañera/o sexual a una clínica.
- Si la relación sexual es *sólo* entre dos, hay menos motivos para preocuparse de una enfermedad sexual.
- Las espumas vaginales y los condones ayudan a evitar enfermedades sexuales.
- Si su hijo contrae alguna enfermedad sexual, olvídese de los sermones y sólo asegúrese de que lo vea un médico de inmediato o que reciba tratamiento en una clínica de confianza.
- Con anticipación, su hijo/a debe saber que si contrae una enfermedad sexual, su compañera/o también debe acudir a una clínica o ver a un médico particular.
- Si usted tiene una discusión con su hijo/a y su compañera/o sexual, las sugerencias contenidas en esta sección son la clase de información de la que usted puede hablar.

Teléfono

En lugar de molestarse por la tendencia de su hijo a utilizar con frecuencia el teléfono, aprovéchela. Tiene a su disposición una herramienta con la cual enseñar responsabilidad. Sin embargo, debe ser duro para establecer y reforzar las normas relacionadas con el uso de ese aparato. Deje la responsabilidad en manos de sus hijos. Al mismo tiempo, sea flexible en relación con el uso del teléfono. Es un instrumento fantástico, pero hágalo funcionar en beneficio suyo y no en su contra.

Las reglas relacionadas con el uso del teléfono deben adaptarse a su ritmo de vida. Estas son algunas ideas.

- Todas las llamadas, tanto las que entran como las que salen, deben limitarse a veinte minutos.
- Con los hijos mayores y los que tienen un alto grado de responsabilidad (ver capítulo sobre responsabilidad) puede hacerse una excepción a esta regla durante periodos preseleccionados del día. Esto

puede funcionar en sentido inverso con niños de poca responsabilidad.
- Todos los niños deben colgar el auricular un minuto después de que se les haya solicitado.
- El abuso o uso de lenguaje grosero en el teléfono dará como resultado la terminación inmediata de la conversación.
- No deben hacerse ni recibirse llamadas después de cierta hora. Sugiero que sea a las 10 de la noche.

Televisión

Personalmente me gusta la televisión. Sin embargo, no me gusta que se haya convertido en el entretenimiento favorito, y a veces exclusivo, de los niños, quienes se sientan pasivamente frente a la "caja idiota", cuando deberían ocuparse en leer, escribir, estudiar y desarrollar sus talentos individuales.

La forma más rápida de controlar la televisión es con el botón de encendido y apagado. Sin embargo, el principal problema se presenta cuando los niños preguntan por qué. Los padres hacen referencia a otras personas diciendo que leyeron un artículo que decía que la televisión era mala. Si toma el camino fácil de referirse a alguien más, está disminuyendo su propia autoridad y perdiendo respeto ante los niños.

Cuando usted tome alguna medida para restringir el uso de la televisión y reciba innumerables quejas, responda: "Ciertos programas no están permitidos en esta casa". Cuando los niños le pregunten quién lo dice, conteste: "Yo lo digo".

No tema evaluar los programas de televisión. Conviértase en un crítico.

- Por lo menos una vez al mes revise qué programa de televisión ven sus hijos. Aun cuando no le guste la televisión, debe saber lo que sus hijos ven.
- Manténgase informado sobre los efectos de la televisión. Sin embargo, usted es quien toma la decisión y puede decir:
  "De acuerdo con mis criterios morales, no deben ver ese programa".
- Preste atención especial a los espectáculos de televisión que muestran violencia, estereotipos sexuales, prejuicios ocultos, promiscuidad sexual y situaciones de la vida presentadas de manera no realista. Esté dispuesto a tener una discusión de por qué esas cosas no son realistas (desde su punto de vista). De esta manera, convierte una situación difícil en otra productiva.

Puede evitar molestias y discusiones entre los niños sobre la selección de programas de televisión siguiendo un procedimiento sencillo.

- Tome la programación semanal de la televisión y tache todos los espectáculos censurados por usted.
- Estimule la discusión sobre los espectáculos cuestionables, pero usted toma la decisión final.
- El hijo mayor, siempre y cuando no haya perdido su derecho debido a irresponsabilidad, es el prime-

ro en escoger una hora de televisión. Después, el siguiente en edad selecciona otra hora y así sucesivamente hasta que todos hayan escogido una hora de televisión.
- Se hace una segunda vuelta de selección y se continúa hasta el número de horas que usted le permita a cada uno. El total de tiempo de televisión debe relacionarse con el tiempo de actividad y aprendizaje (ver última sección de este capítulo).
- Usted puede cambiar el procedimiento si lo cree conveniente, cuantas veces quiera.
- El papá y la mamá tienen prioridad de selección a ciertas horas.

El abuso de los privilegios de la televisión da como resultado la pérdida de privilegios futuros.

- Si un niño viola el proceso de elección de alguna manera, no verá televisión durante uno o dos días o seleccionará al final de todos.
- Las discusiones que no cesan después de una advertencia, darán como resultado no ver la televisión para quien no obedeció.

Puede hacer ciertas excepciones con los programas de televisión educativos, que mantienen al niño interesado.

- Revise con cuidado la lista de programas y encierre en un círculo aquellos que el niño puede ver, además de los que ya le ha permitido.

Lo más importante que puede hacer para supervisar la exposición de sus hijos a la televisión es equilibrar la pasividad de ver televisión con el aprendizaje activo.

- Por cada hora de ver televisión, sin contar los programas educativos, su hijo debe participar en alguna actividad de aprendizaje activo.
- Aficiones, tareas, proyectos especiales, deportes y lecciones de música son algunos ejemplos de aprendizaje activo.

Trabajos y tareas

El hecho de que quiera hacer entender a sus hijos las alegrías y sufrimientos que conlleva el trabajo, no significa que usted desee que dejen sus juguetes y tomen una pala. En realidad, el trabajo excesivo hace que los niños pierdan parte de su infancia. Me gusta que los niños sean juguetones y cometan errores infantiles. Así aprenden. También conviene que conozcan el mundo del trabajo, primero a través de las labores domésticas y más adelante trabajando en el vecindario.

Los padres deben administrar esas tareas, para que el juego y el trabajo de los niños se equilibren en forma adecuada. No puedo darle una fórmula exacta para esto. Depende de cada familia y de las necesidades de estudio de cada niño en particular, pero mis sugerencias le servirán de referencia para establecer criterios adecuados a su situación.

Separo el trabajo en tres categorías, cada una de las cuales tiene un propósito definido.

- *Tareas.* Las tareas de la casa enseñan a los niños pequeños la necesidad de trabajar para ganar dinero. Los niños mayores aprenden la lección de que su compromiso con la vida familiar incluye su cooperación en el trabajo de la casa sin recibir pago.
- *Trabajo como castigo.* Se pueden asignar a los niños ciertas tareas aburridas como castigo.
- *Trabajo por dinero.* Ciertas labores domésticas que van más allá de las tareas normales pueden hacerse a cambio de dinero.

Las labores domésticas deben formar parte de la rutina diaria de todos los niños. Cuando las tareas se vuelven una costumbre, es más fácil para el niño ajustarse a otros momentos aburridos.

- Un niño puede empezar a desempeñar tareas cuando se puede aplicar esta guía: un niño tiene la edad suficiente para limpiar algo cuando tiene la edad suficiente para ensuciar.
- Se debe empezar con pequeñas tareas que vayan aumentando en complejidad y dificultad al mismo tiempo que el niño madura. Estos son unos ejemplos:

    Para un niño de 5 años de edad. Sacar la basura, recoger sus juguetes, dar de comer al perro y guardar su ropa.

    Para un niño de 10 años. Arreglar diariamente su cuarto, poner y recoger la mesa, ayudar con la limpieza semanal y en las tareas del nivel previo de edad.

    Para un adolescente. Limpiar los baños y los cuar-

tos con regularidad, lavar parte de la ropa y aspirar dos veces por semana.
- Usted debe reservarse el derecho de pedir ayuda al niño para ciertas tareas, por ejemplo, limpiar las alacenas.
- Mientras enseña a los niños cómo hacer las labores domésticas, usted puede elegir llevar a cabo muchas tareas. Así los niños por lo menos sabrán cómo se usa la estufa, la lavadora, la plancha y otros aparatos que forman parte de la vida diaria. Los niños también deben ser capaces de preparar una comida, lavar los platos y la ropa a los 13 años de edad.

Trabajo por dinero. No es recomendable que los niños trabajen fuera de casa pero sí deberían aprender a conseguir dinero mediante pequeños trabajos.

- Revise mis CONSEJOS en el capítulo sobre dinero.
- Si es posible, ayude a su hijo a encontrar un trabajo con otra persona, aunque sea un vecino. Cuando se trabaja con alguien distinto a los padres, aumenta la confianza de los hijos en sí mismos, la que se extiende a otras áreas, por ejemplo, la escuela.
- Si las circunstancias evitan que el niño trabaje para alguien más, explíquele que le pagará por hacer ciertas tareas domésticas. Para esto, tenga presente estas ideas:
  1. Elabore una lista de las tareas por las cuales está dispuesto a pagar, tales como lavar y encerar el automóvil, limpiar la cochera, lavar la alacena, lavar las ventanas, etc. Estos trabajos deben ser

adicionales a las tareas que el niño debe realizar sin pago.
2. Debe estar dispuesto a negociar el precio antes de asignar el trabajo. Evite problemas de pereza pagando el total de la tarea. La cantidad debe ir de acuerdo con su presupuesto y lo que le pagaría a otra persona por hacer el trabajo.
3. Acuerde la fecha en la que deberá concluirse el trabajo. Asegúrese de explicar exactamente lo que quiere que se haga.
4. Para evitar conflictos, sugiero que tanto usted como su hijo anoten las especificaciones del acuerdo.

Algunos niños no terminan lo que empiezan. Si su hijo es lento para terminar un trabajo en forma correcta, haga lo que llamo "práctica positiva".

- Suspenda las demás actividades y céntrese en un aspecto del trabajo sin terminar, digamos un montón de basura en una esquina del lugar que se está limpiando.
- Haga que el niño lo limpie en forma correcta, después pídale que *regrese la basura al rincón* y vuelva a limpiar de la manera correcta.
- Bajo su supervisión, haga que el niño inmediatamente limpie otra área sucia. Después diga: "Espero que la próxima vez termines el trabajo que empezaste".

- Durante este procedimiento, *en ningún momento* menosprecie al niño ni externe observaciones negativas.
- Si otro hermano se burla de él, asígnele un trabajo.

Tristeza

La tristeza puede ir y venir en la vida de su hijo como el viento. Usted debe mantenerse sereno, ofreciendo apoyo y comprensión. La mayoría de los niños tienen gran capacidad para olvidar las experiencias desagradables y seguir viviendo. Sin embargo, a veces la tristeza se prolonga, dando la clara impresión de que algo está mal. Esto se complica si usted da un trato especial a un niño triste, lo que ocasionaría la idea de que la tristeza puede utilizarse para manipular a las personas.

Mi CONSEJO es que dé apoyo a un niño triste sin caer en la trampa.

Antes que nada examine el patrón diario de comportamiento del niño. Conteste las siguientes preguntas que lo ayudarán a evaluar la gravedad de la tristeza.

- ¿Ha dejado el niño de reír y de bromear?
- ¿Hay cambios importantes en sus hábitos alimenti-

cios?
- ¿Hay algún cambio notable en su personalidad?
- ¿Hace el niño observaciones que reflejan despecho? Por ejemplo: "Ya nada es divertido." "La vida es miserable."
- ¿Hay algún indicio de desasosiego o explosiones de mal carácter?
- ¿Está el niño abandonando actividades o aficiones que usted sabe que disfruta?
- ¿Ha dejado de ver a antiguos amigos?
- ¿Se pone a llorar sin motivo particular?
- ¿Se queja de problemas físicos, pero su médico no encuentra nada anormal?
- Si contesta en forma afirmativa a una o dos de estas preguntas, lo más probable es que la tristeza sea de poca importancia y pase pronto. Pero si no está seguro de su evaluación, debe decir algo al niño.

Si decide hablar con el niño sobre su tristeza, no se sorprenda si no obtiene mucha información. Estas son algunas palabras que puede usar para que él comparta sus sentimientos.

- "Me preocupa tu tristeza. Probablemente no creas que hablar resolverá algo, pero es una buena forma de empezar."
- "He notado varias cosas que me preocupan (especifique el comportamiento sin criticarlo). Si quieres hablar de eso, te ayudaré en lo que pueda."
- "Me doy cuenta de tus sentimientos. Si quieres compartirlos conmigo, aquí estoy."

- Si su hijo se aprovecha de su tristeza para portarse mal, usted puede decirle: "Sé que te sientes mal y tienes derecho a expresarlo. pero también tienes la responsabilidad de controlarte para que eso no afecte tu vida."
- Si su hijo es generalmente responsable y está atravesando por un momento duro, usted puede decirle: "Comprendo que estos son días duros para ti. Te ayudaré con tus labores durante un par de días."

Hay otras cosas que no debe olvidar.

- La tristeza se vuelve más complicada mientras más edad tenga su hijo. Lo que puede ser de poca importancia a los 9 años, es más preocupante a los 17.
- Cuando un adolescente esté triste, mantenga los ojos bien abiertos en busca de cualquier indicio de alcohol o drogas.
- Otras señales de tristeza pueden ser morderse las uñas, falta de concentración en la escuela y perturbaciones del sueño.
- Si su hijo no quiere hablar, no lo obligue.
- Si estas sugerencias no lo ayudan mucho y está convencido de que algo anda mal, hable con alguien para descubrir la forma de ayudar a su hijo
- Vea mis CONSEJOS en el capítulo sobre ayuda profesional.

Esta edición se imprimió en Mayo de 2002. UVPRINT. Sur 26 "A"
No. 14 Bis, México, D.F. 08500